Veinte años
de cine español (1973-1992)

Paidós Studio

Últimos títulos publicados:

José Enrique Monterde

Veinte años de cine español (1973-1992)

Un cine bajo la paradoja

ediciones PAIDOS

Barcelona
Buenos Aires
México

Edición y coordinación: Carlos Losilla

Fotografías: revista *Dirigido* y archivo del autor

Cubierta de Mario Eskenazi

1.ª edición, 1993

© de todas las ediciones en castellano,
   Ediciones Paidós Ibérica, S.A.,
   Mariano Cubí, 92 - 08021 Barcelona
   y Editorial Paidós, SAICF,
   Defensa, 599 - Buenos Aires

ISBN: 84-7509-930-0
Depósito legal: B-25.819/1993

Impreso en Novagràfik, S. L.,
Puigcerdà, 127 - 08019 Barcelona

Impreso en España - Printed in Spain

SUMARIO

I
PREFACIO

Dos son los objetivos que marcan nuestra aproximación al período más reciente del cine español: describir el panorama que nos ofrece nuestra cinematografía y buscar algunas vías de interpretación. Es decir, no podemos limitarnos a situar los principales acontecimientos que jalonan esta por tantos motivos convulsa etapa aún tan reciente; sólo si tenemos una pretensión analítica, desde la búsqueda de un sentido de lo ocurrido, de lo producido, podrá ésa confirmarse y resultar esclarecedora en la perspectiva de una reflexión histórica.

A más de uno le parecerá excesivamente temprana cualquier pretensión histórica sobre un período inmediato; sin embargo, no es ése el mayor problema que debemos afrontar. Mayor envergadura tiene la obligada imbricación entre el devenir estricto de la cinematografía española y el devenir sociopolítico de la España posfranquista. Son dos lógicas distintas, aunque interrelacionadas, las que guían los avatares de ambos devenires; su superposición representa el peligro de caer en determinismos o en una reductora aplicación de la más simplista teoría del reflejo. Y sin embargo, démonos cuenta de que el arranque supuesto al segmento cronológico que centra nuestra atención no es en primera instancia ni siquiera sociopolítico, sino estrictamente biológico: la muerte del general Franco.

Como luego veremos, la transformación experimentada por la cinematografía española en estos años no fue ni tan inmediata, ni mucho menos simple. Entre otras cosas porque un excesivo ensimismamiento ha hecho olvidar muchas veces que aquélla no discurre en un vacío general, sino que en esos años el cine español no ha dejado de estar sometido a muchas de las fluctuaciones del cine mundial. Antes bien, precisamente una de las características centrales de esos tiempos ha sido la progresiva reducción de la distancia entre lo ocurrido en nuestros lares y lo acaecido más allá de nuestras fronteras.

Tampoco debemos suponer que eso genéricamente llamado cine del posfranquismo nació de la nada: un debate central será la posibilidad y características de su continuidad o ruptura (¿o un consensuado término medio entre ambas?) respecto al cine del período do franquista. Tanto las pervivencias y derivaciones de este último como las hipotéticas innovaciones requerirán nuestra atención, puesto que siempre resultarán significativas, aun en sus fluctuaciones y diversas combinaciones a lo largo del tiempo.

Porque ése es otro factor a tener en cuenta ya en estos prolegómenos: bajo ningún concepto podemos entender el período supuestamente abierto en noviembre de 1975 como homogéneo y su desarrollo como continuo y uniforme. No lo fue en la transformación del marco político, ni en las mentalidades que la contemplaron; y tampoco lo ha sido en el ámbito cinematográfico, no sólo como subordinación a esos cambios, sino por su propia dinámica interna. Desde esa constatación deberemos proponer una periodización que ayude a sistematizar y soldar los diversos momentos inherentes al transcurrir cinematográfico.

1. Un cine bajo la paradoja

Si un aspecto unifica y explica muchas de las características del cine español de los últimos veinte años, éste sería el de haberse desarrollado bajo el imperio de una cruel paradoja. Durante los largos años de la dictadura franquista, el cine español se vio definido por su sometimiento a los designios del poder; el cine franquista —o, si se quiere, el cine realizado durante el franquismo— fue, ante todo, un cine dirigido. Motivos de índole política y económica sostuvieron esa actitud, perfectamente coherente con los presupuestos generales de un régimen que, contra cualquier apariencia o maquillaje ideológico, respondía a una única intención: su mera supervivencia.

Consecuencia de ello fue la inexistencia de una misión propia de lo cinematográfico dentro de los parámetros de la ramplona política cultural franquista, más destinada a asegurar una obligada homogeneidad interna o algún grado de prestigio internacional dentro de ese proyecto de supervivencia, que no a responder según unas bases inherentes a un perfil ideológico propio. Bien fuese la imitación de modelos foráneos —caso de las medidas derivadas del ejemplo fascista italiano, tan decisivas en los primeros años de constitución del cine franquista—, bien la respuesta a las necesidades de las diversas familias políticas y grupos de interés amalgamados en el seno del régimen, lo cierto es que lo cinematográfico nunca respondió a un diseño autónomo, nunca generó —al menos en el meollo decisorio del poder— una reflexión propia sobre su sentido como aparato ideológico, más allá de la derivación de ciertas constantes generales (apología del nacionalcatolicismo o del caudillismo, forma de distracción de irrelevante valor intrínseco, vía imaginaria de legitimación de un régimen de orígenes bastardos, etc.) siempre subordinadas a intereses extracinematográficos, que en último término no darían la coyunturalidad como constante vital al cine de esa amplia etapa.

El dirigismo cinematográfico del franquismo no fue, pues, una opción, digamos, «positiva», derivada de la pretensión de construir un cine nacional inherente al «nuevo Estado» que formalmente se suponía era el objetivo de los vencedores de la guerra civil. Al contrario, el mayor afán se centraba en la obsesión por el control, por el destierro de cualquier divergencia, por una uniformidad que respondiese a la mediocridad de unas ideas simplistas, cuyo reaccionarismo tan sólo se apoyaba en la tradición más conservadora de nuestro país. De ahí que durante mucho tiempo, las bienintencionadas aproximaciones al cine español que se basaban si más no en un mínimo interés intrínseco por el fenómeno cinematográfico se sustentasen en una especie de historia «de las excepciones», de aquello que precisamente se alejaba de la norma dominante. Y de ahí también que toda opción crítica o analítica cargada de un mínimo de lucidez se sustentase no tanto en proposiciones revolucionarias, como meramente regeneracionistas.

Esa política dirigista se desarrolló a través de una estrategia diversificada, que abarcaba planteamientos explícitos e implícitos, aunque todos ellos bien insertos en el funcionamiento de un régimen totalitario. De una parte, la estructura de control del franquismo, heredada de una manera u otra en los primeros tiempos del posfranquismo, tenía tres ejes centrales: la censura, el proteccionismo y el sistema de gratificaciones o premios. Cualquier voluntad transformadora asumida después de la muerte de Franco debería pasar necesariamente por el derribo o la transformación de esos tres pilares del férreo control franquista.

Mucho se ha hablado ya de la importancia y significación de la actividad censora en todos los frentes culturales durante el mandato de Franco. No insistiremos aquí sobre ello, pero comprenderemos mejor la perversidad del sistema si recordamos que ante el índice de arbitrariedad que suponía la censura, los propios opositores al régimen mantuvieron durante muchos años (por ejemplo, con motivo de las Conversaciones Cinematográficas de Salamanca de 1955) la reivindicación de un código de censura explícito que, cuando menos, aminorase esa arbitrariedad y delimitase el campo de acción de los cinematografistas. Aun el paradójico carácter de esa demanda, no sería hasta 1963, con el ministerio Fraga Iribarne, cuando se estableciesen las primeras normas de censura escritas formalmente, cuando desde 1937 la acción de la censura venía mostrándose implacable.

La existencia de la censura tenía diversas manifestaciones directas e indirectas. Entre las primeras podemos distinguir lo que sería la censura interna y la externa. Es decir, la que afectaba a los proyectos y producciones nacionales y la que limitaba gravemente el arribo del cine internacional a nuestro país. Decimos bien lo de los proyectos, en cuanto que uno de los pilares de la actividad censora era la censura previa de guiones, que ya podía impedir la concreción de un simple proyecto. En cuanto a los filmes que habían superado ese primer escollo y habían llegado así a la condición de productos acabados, volvían a depender de las muy variadas posturas de una

Junta de Censura, que en lo inmotivado de sus decisiones basaba su propia contribución en la coyunturalidad del momento. Ni el público ni la personal voluntad expresiva de los cineastas eran, pues, factores decisivos, si no habían resultado válidamente tamizados por unos censores reclutados en las cavernas eclesiásticas, en las filas de las oficialistas asociaciones de amas de casa o en los más retrógrados territorios de la crítica cinematográfica. La censura externa, por su parte, impedía la llegada a las pantallas españolas de un alto porcentaje de la producción mundial, con las consiguientes consecuencias de desfase informativo respecto a las corrientes y tendencias de mayor actualidad y eventual productividad, cuyo conocimiento se veía retrasado, manipulado por cortes y alteraciones de los productos originales —muchas veces gracias al doblaje— cuando no simplemente imposibilitado. Así, nuestros cineastas y espectadores llegaron tarde y mal al conocimiento del neorrealismo, del cine de autor europeo de los años cincuenta, de los diversos «nuevos cines» que florecieron en el entorno de 1960, de las corrientes innovadoras del documentalismo y la vanguardia, etc., aunque no debamos olvidar que a esos desconocimientos contribuyó también en notable medida la propia dinámica del sector cinematográfico hispano, con una distribución y exhibición que muchas veces radicalizaban con su censura comercial la actitud de las juntas oficiales.

Si es importante recordar aun someramente todo eso es porque el cine del posfranquismo deberá resolver de una parte los fundamentos legales y administrativos de tal entramado censor. Pero también, y sobre todo, porque más allá de las normativas resistiría una actitud que era uno de los más terroríficos frutos indirectos del aparato censor: la autocensura. Ya no se trata de hacer recuento de todas las bestialidades sufridas por el cine español, de todos los proyectos nonatos, sino de comprender hasta qué punto los cineastas españoles se habituaron en esos largos cuarenta años a no pensar siquiera sobre determinados temas, a no imaginar ciertas situaciones, a no crear múltiples imágenes. Con ello, inevitablemente, el derribo del aparato censor no sería una mera cuestión de ajuste normativo, sino el resultado de un lento proceso de mentalización por parte de unos cineastas que habían crecido artísticamente en un clima de represión expresiva. Y también por parte de los espectadores —como veremos— será necesario un aprendizaje, una asunción progresiva de la caída de los tabúes irresponsablemente mantenidos por el franquismo declinante, cuando se abriesen los diques contenedores y llegase a España la avalancha de títulos prohibidos (sobre todo de aquellos que aún significaban un valor comercial seguro, puesto que muchos otros jamás serían recuperados: la censura comercial no ha desaparecido).

La política proteccionista del franquismo se cimentó durante muchos años en un doble juego: los créditos sindicales y las subvenciones sujetas a un sistema de clasificación de los filmes, según su correspondencia a un implícito sistema de valores que no tenía ninguna lógica cinematográfica. En el primer caso se discriminaba los proyectos de su origen, coartando con la mayor o menor generosidad económica las posibilidades productivas del cine realizado; en el segundo se premiaba la implícita adhesión a los postulados sostenidos por los responsables cinematográficos del régimen, remitiendo a las tinieblas de la peor clasificación aquellos filmes que pudiesen resultar más incómodos, independientes o incluso moderadamente contestatarios, teniendo en cuenta que el grosor de esos criterios era realmente estrecho en la mentalidad de los integrantes de las juntas de clasificación.

Finalmente, la política de premios —a cargo de nuevo del sindicato— estaba destinada las más de las veces a reconocer las adhesiones ya descaradamente explícitas a la ideología y los intereses dominantes, permitiendo también una cierta discrecionalidad «artística» desde la cual demostrar el afán gubernativo por una cierta idea de «calidad» o sobre todo el subrayado didáctico de aquellas tendencias gratas al poder. Recordemos el contrasentido de que se llegase a otorgar el grado de «interés nacional» a un filme estadounidense, lo cual resulta más comprensible si recordamos que se trataba de *La canción de Bernadette* (The Song of Bernadette, 1943), de Henry King, sobre la pastorcilla de Lourdes.

Con ser ésos los principales mecanismos de control, no agotaban los recursos del sistema. Aún habría que añadir el monopolio informativo cinematográfico ejercido por el NODO, las limitaciones extremas al uso de lenguas distintas del castellano, las posibilidades manipuladoras inherentes al doblaje (unidas al adocenamiento del público y a la inferioridad de la oferta fílmica nacional derivada de la entrega de ese recurso al cine extranjero), la complicidad con el progresivo control del mercado hispano por las multinaciones de Hollywood, etc. Pero hubo dos factores especialmente significativos y que muy bien pueden verse englobados en lo que llamaríamos una sistematización de la corrupción como directriz de funcionamiento del sector cinematográfico, capaz de revertir en una infinita debilidad de algunas de sus parcelas, lo cual iba a constituir uno de los déficits más perdurables de nuestra industria. Me refiero, de una parte, al corporativismo sindical, y de otra al estímulo del tráfico más turbio, por la vía del comercio de licencias de importación y doblaje.

Muchas veces se olvida que junto a la concesión de créditos y premios, el Sindicato del Espectáculo —órgano de los sindicatos verticales encargado de la cinematografía— controlaba el acceso a la profesión y la constitución de los equipos técnicos y artísticos que debían intervenir en las diferentes producciones. Por otra parte, la gratificación de la producción de filmes españoles mediante la concesión de licencias de importación y doblaje significaba la cesión de la existencia misma del cine español al desarrollo de su más cruda competencia: el cine norteamericano. Al ser más rentable explotar esas licencias —bien directamente, bien vendiéndolas a las casas importadoras— que no preocuparse por rentabilizar el cine español producido para conseguirlas, se condenaba a éste a una posición secundaria dentro del mercado y por tanto se debilitaba un sector fundamental dentro de una industria en la que la distribución y exhibición —muchas veces estrechamente vinculadas— iban a ser los grandes beneficiarios.

Este vasto edificio de control del cine español experimentó diversas mutaciones a lo largo de los años, destinadas no tanto a una mejora liberalizadora como a una mejor adecuación de las necesidades de cada coyuntura, puesto que no eran las mismas las condiciones de una industria autárquica en los años cuarenta (con problemas como la misma contingenciación del acceso a la película virgen) y las de un momento desarrollista como el que correspondería a los años sesenta. Fueron en estos últimos, bajo el tándem Fraga-García Escudero, cuando se produjo una evidente modernización del entramado administrativo respecto al cine, no sólo en la sistematización de la censura, sino en la introducción de criterios automáticos y evaluables en la política de subvenciones, en la orientación de las ayudas a la calidad, en la ampliación de la oferta mediante nuevas formas de exhibición como el «arte y ensayo», en la potenciación de la formación profesional cinematográfica, en el esfuerzo por prestigiar la producción española en los foros culturales internacionales, en el fomento de la actividad coproductora, etc. Pero todas esas medidas inevitablemente liberalizadoras, aun en su timidez y contradictoriedad, no escapaban al criterio tradicional: perfeccionar las formas de control en favor de la supervivencia del sistema político.

Parece claro que la transformación general iniciada en España poco después de la muerte de Franco debía ampliarse al sector cinematográfico y que necesariamente debía pasar por el derribo o cuando menos la radical remodelación de ese intrincado edificio controlador. Una parte de este libro va a tratar precisamente de ese largo y dubitativo proceso, pero no podremos entender sus características primordiales sin aquella reflexión paradójica que señalábamos al principio: todo el esfuerzo franquista por hacer del cine hispano una industria débil y dependiente del poder para su subsistencia, que en definitiva era el máximo logro del afán dirigista, coincidía con unos años —las décadas de los cuarenta, cincuenta y parte de los sesenta— en los que el cine en Europa era aún el mayor espectáculo de masas, un negocio muy rentable y el más influyente aparato cultural, todo lo cual permitía su existencia dentro de una cierta libertad más o menos controlada.

En una palabra, cuando el cine mundial era todavía una industria con un margen de autonomía considerable (económica y artística), el cine español era un cine débil en sus raíces —la producción— y entregado al dirigismo proteccionista, con la connivencia de los sectores de distribución y exhibición. Y paradójicamente, cuando el cine español empezó a liberarse de ese control dirigista, cuando empezó titubeantemente el camino de la libertad, la situación del cine mundial había cambiado radicalmente. La crisis cinematográfica derivada de los cambios internos dentro del mercado del ocio y las industrias culturales, a su vez derivadas de muy precisas mutaciones sociales, condujo al cine —sobre todo europeo, puesto que el norteamericano siguió su propia reconversión interna— al carácter de industria secundaria, de industria protegida a favor de su valor cultural y de la resistencia al abandono de unas vías expresivas autóctonas; desde ese momento, sólo desde diversas formas de proteccionismo ha sido posible la pervivencia de las cinematografías europeas. De esa manera, cuando el cine español podía remontar el vuelo más allá de los controles estatales más obtusos, la hora mundial marcaba el momento de un nuevo proteccionismo, con todas las inherencias dirigistas que de él siempre se derivan. Tras décadas reclamando libertad, aquellos cineastas más dispuestos a vivirlas —que no eran todos, ni mucho menos, y que coincidían con los que sentían más el cine como fenómeno cultural— fueron los que reclamaron el intervencionismo estatal en pos de la supervivencia de sus productos.

No deberíamos, pues, olvidar esa cruel paradoja, ese tardío regalo del franquismo, ese desfase respecto a las dinámicas europeas, en el momento de afrontar el período llamado «posfranquista». La especial contextura de nuestra industria y mercado cinematográficos quizá hicieron aún más radical el contraste. Las propias debilidades, las inercias de funcionamiento y los viejos hábitos arrastrados durante años se mostraron como otras tantas losas —dentro de una administración ignorante y una industria reticente a los riesgos— capaces de lastrar los necesarios cambios estructurales e infraestructurales.

Un rápido recuento, que pronto centraremos en situaciones concretas, nos llevaría a enumerar diversos aspectos: la dispersión de la actividad productora desarrollada por empresas débiles, coyunturales y efímeras; la nulidad de la capacidad exportadora de nuestro cine, salvo excepciones incapaces de constituirse en arietes de una actividad masiva; la radical concentración del sector de distribución, cada vez más controlado desde los intereses multinacionales y que a través de su directa incidencia sobre la producción (vía avances de distribución) y su desprecio por el cine nacional, reducido a una condición meramente instrumental, iba a acrecentar los efectos nocivos sobre el conjunto del sector; el mantenimiento de una exhibición las más de las veces anticuada y obsoleta por la escasa renovación del parque de salas y de sus instalaciones, incapaz de adaptarse —hasta al cabo de muchos años— a las nuevas necesidades y demandas del público, defraudadora en sus recaudaciones oficiales con el directo perjuicio del sector de producción, y en muchas ocasiones especuladora con el patrimonio de salas, a la espera de su transformación en bloques de pisos, garajes o bingos antes de una racional puesta al día...

Parece, pues, que orientados hacia una caracterización global del período abarcado por nuestro estudio, no podemos por menos que entenderlo sujeto a una reconversión del sector cinematográfico poco menos que salvaje. Y en esa perspectiva será cuando más sensiblemente experimentemos la ausencia de una política global para el sector (recordemos, por ejemplo, que la esperada «Ley del Cine» que coleteaba en los despachos a fines del franquismo, no ha sido escrita en todos estos años) en los diversos gabinetes que se han venido sucediendo. Esa semipolítica a golpe de decreto-ley y de recursos coyunturales de urgencia, únicamente ha sabido seguir dos sendas: la intervención directa del Estado por la vía de una protección cada vez más imprescindible y muchas veces perniciosa, y el forzamiento de una colaboración entre el sector cinematográfico y el ente público televisivo, asumido a regañadientes por TVE, en torno a aspectos como las cuotas y coste de los derechos de emisión de cine español, la compra de derechos de antena, la producción propia o asociada y la promoción del cine español.

Pero no adelantemos argumentos, puesto que al entrar en el análisis más pormenorizado de los años posfranquistas volveremos con calma sobre esos asuntos. Hasta aquí tan sólo una primera caracterización que, en clave paradójica, nos permite recorrer todo ese período y darle una unidad que el intríngulis de los detalles podría ocultar.

2. Constantes fílmicas

Hasta aquí hemos hablado del cine español del período convencionalmente conocido como «posfranquismo»; hora será de intentar establecer alguna clase de unidad interna para ese cine, es decir, de hablar de los filmes, de postular hasta qué punto podemos configurar un *corpus* fílmico coherente y homogéneo. Por supuesto, no estamos pretendiendo lograr una uniformidad a toda costa, no se trata de forzar unas constantes comunes que desprecien la particularidad de cada filme nacido en unos tiempos de por sí cambiantes, sino de remontarnos hacia una visión más general capaz de dejarnos ver las corrientes subterráneas y las líneas de fuerza que recorren los filmes del período, cuando menos la mayor parte de los más interesantes de entre ellos.

Como dijimos más arriba, el doble juego del fenómeno cinematográfico entre su condición de reflejo y de agente social no debe hacernos caer en la tentación del determinismo mecanicista. No debemos creer que el hecho de haberse desarrollado una indudable transformación del marco político y social, conduce a una equiparable transformación de los propios filmes en sus aspectos temáticos, narrativos y estilísticos, en aquellos, por tanto, que nos tientan con la consideración del cine como arte.

En su vertiente de agente social, la transformación de la sociedad española de los setenta y ochenta debe muy poco al cine, comparada por ejemplo con las repercusiones de otros medios de difusión, como puedan ser la televisión o incluso la prensa. Los filmes de esa etapa han significado mucho más síntomas o marcas del momento que no directrices o inductores de la vida social. Son excepcionales, por tanto, los filmes que responden al carácter palpitante de la realidad contextual en su misma inmediatez; incluso en los casos en que las trazas de esa realidad asoman entre sus imágenes y diálogos, adquieren una pátina historiadora, mucho más que de inmediatez contemporánea. Por otra parte, las transformaciones contextuales experimentadas no alcanzaron en ningún momento el carácter de una ruptura absoluta, puesto que —por ejemplo— no alcanzaron para nada los núcleos económicos más importantes, e incluso desde la perspectiva política se desarrolló —como bien sabido es— una paulatina reforma, muy diferente a cataclismos como el desmoronamiento fascista en la Italia que vio el nacimiento del neorrealismo, ejemplo máximo de esa voluntad de contemporaneidad de un cine en vías de transformación.

Pero si aun en el propio neorrealismo las corrientes profundas de la tradición cinematográfica italiana acabaron por resurgir en muchos de sus intersticios y en su devenir problemático, mucho más fácil sería la pervivencia de viejos hábitos y formas de hacer en esa transición paulatina que fue la española. Buena parte del cine español del posfranquismo hunde sus raíces en las costumbres cinematográficas de los últimos tiempos del viejo régimen o incluso se remonta más atrás, a los años del esmero cualitativo del fallido «nuevo cine español» (NCE). De hecho, una parte considerable de los cineastas que han ocupado un lugar preponderante a lo largo de esos años remontan sus inicios cinematográficos bien a ese NCE, bien a los últimos años de la Escuela Oficial de Cinematografía (EOC) o a los movimientos cortometrajistas y del cine independiente de ese mismo final de los sesenta. Tal es el caso de los Camus, Patino, Aranda, Suárez, Borau, Picazo, Drove, Miró, García Sánchez, Gutiérrez Aragón, Chávarri, Betriu, Erice, Franco, etc. Si bien es cierto que los viejos adalides del cine franquista pasaron en su mayoría a posiciones secundarias (caso de los Sáenz de Heredia, Gil, Román, Orduña, Mur Oti, etc.), no es menos cierto que el hecho de que el peso del cine transicional lo llevasen gente formada aún en el «régimen anterior» iba a tener una incidencia notable, por no citar los casos aún más flagrantes de veteranos antifranquistas como

Berlanga, Bardem o Fernán-Gómez.

Tendencias cinematográficas como la «tercera vía», el cine metafórico, los movimientos independientes o incluso la tradición del subproducto de consumo iban a gravitar sobre todo el cine posfranquista, como en capítulos sucesivos tendremos ocasión de revisar. Ello ha ido configurando una cierta imagen generalizada de ese cine, sin duda injusta para con todos aquellos francotiradores autores de obras que se apartan de la norma, que sin embargo en su propia excepcionalidad no hacen más que reafirmarla. De ahí que podamos hablar de la progresiva instauración —no exenta de contradicciones— de un modelo fílmico cada vez más sólidamente caracterizado desde diversos puntos de vista.

En primer lugar habría que señalar la tendencia hacia el centrismo, entendido como negación de cualquier extremismo ideológico, político o estético, en busca de un público «medio» que había empezado a aflorar en los momentos del lanzamiento de la «tercera vía», uno de los jalones centrales del inicio de los cambios en tiempos del tardofranquismo. Las marcas de ese empeño de construir una producción que no indignase al público joven, urbano y relativamente más cultivado que daba la espalda a los subproductos genéricos y encontraba excesivas dificultades en el cine más oscuro de los disidentes tipo Saura o Erice, iban a permanecer mucho más allá de los estrictos límites de la «tercera vía» como *slogan* publicitario.

Simultáneamente, ese centrismo estético apuntaba hacia un concepto de «calidad» mal entendida que degeneró fácilmente en algunas formas de caligrafismo, que a su vez repercutía en la ausencia de riesgos estéticos en favor de fórmulas ya recompensadas por el éxito. Caligrafismo y centrismo se resumieron en un extraño concepto de nula tradición estética: la dignidad. Se ha dicho que el cine español de estos últimos años se ha ido dignificando, es decir, que se han propuesto películas «dignas» dentro de una producción media «digna» que «dignifiquen» a un espectador autocomplaciente. Pero el concepto de dignidad es irrelevante e impertinente en el marco de una reflexión estética; o en todo caso deriva de una visión moralista del fenómeno artístico, de una especie de complejo de inferioridad similar al de aquellos que durante mucho tiempo iniciaban cualquier aproximación a la historia del cine español postulando que éste era inexistente.

No cabe duda de que esa impresión de caligrafismo se ha visto potenciada por el progresivo y excesivo irrumpir de las fuentes literarias en los filmes españoles de prestigio. Cierto es que no en todas las fases del período que nos ocupa ha ocurrido eso, sino que ha sido una tendencia creciente, sobre todo a partir de determinadas medidas administrativas tomadas a finales de la década de los setenta, momento en que tal vez esa presencia literaria en la base de los guiones y filmes se ha hecho más evidente al disminuir el número de éstos. Lo literario se convierte en cauce de lo caligráfico en la medida en que el proceso de «poner en imágenes», para decirlo con una fórmula tan común como definitivamente estúpida, un argumento literario conduce a una cierta estandarización, hacia un uniformismo que acaba por hacer predominar la apariencia del modelo productivo sobre cualquier particularización estilística. La plasmación audiovisual de ese modelo productivo se caracteriza por el predominio de los diálogos sobre las soluciones de «puesta en escena» y sobre la sustitución de la búsqueda de alguna clase de belleza fílmica en favor de un relamido e insincero esteticismo.

A esa idea de uniformidad, de homogeneidad visual y narrativa no es ajena la presencia de una constelación casi fija de intérpretes y equipos técnicos, los cuales determinan los diferentes filmes más allá de cualquier tentación estilística autónoma de los propios cineastas. La repetición e incluso intercambiabilidad de los intérpretes y técnicos, elemento central del antes citado modelo de producción y fruto a su vez de determinadas constricciones derivadas de la política cinematográfica, sobre todo en el período regido por el PSOE, conduce a una tipificación que facilita la lectura transversal de buena parte del cine producido durante el posfranquismo. Dejando de lado las honrosas excepciones —y las deshonrosas en las que aún pretendiéndolo no se alcanza ese *standard* de «calidad»—, desde ahí resulta más factible la conciencia de un cierto *corpus* fílmico identificable como la emanación del cine posfranquista.

En el fondo, esa familiaridad de los repartos y esa vecindad en las apariencias visuales de los filmes no hace más que contribuir a la reafirmación de otro de los aspectos más definitorios del cine posfranquista: su relación con el espectador. Lejos de cualquier asomo de inquietud por ampliar los márgenes del saber espectatorial, el cine de esa etapa se apoya en buena parte en las más obvias formas de complicidad, en la explotación del adocenamiento de una mayoría de espectadores que no conciben el cine como lugar de esfuerzo intelectual, sino como simple y adocenada forma de diversión. De ahí que en la mayor parte de casos podamos hablar mucho más de un cine del reconocimiento que no del conocimiento, es decir, de un cine que no pretende tanto la reflexión como la adhesión, el reencontrar lo familiar ya conocido por encima de cualquier enriquecimiento, el reafirmar lo ya sabido frente al esfuerzo de abrir nuevas vías de comprensión ante la realidad vivida. Sea apoyándose en los recursos de la tradición genérica, sea reafirmando las recetas del cine-espectáculo más convencional, ese cine del reconocimiento favorece unos triviales mecanismos de respuesta en la mayor parte de espectadores. Se trata de construir un eficaz sistema de marcas que autonomiza su valor de cambio como signo de proximidad; pensemos, por ejemplo, en el valor de los «tacos» y del lenguaje más coloquial o de ciertos fondos decorativos (pintadas, músicas, titulares periodísticos, etc.) como marca de cotidianeidad, de realismo, aun insertos en historias de la máxima convencionalidad narrativa y argumental.

Aún podemos localizar otros aspectos definitorios del conjunto del cine posfranquista, como sería el rápido declinar del cine de género, mejor dicho, del cine de subgéneros característico de los últimos tiempos del franquismo, con la excepción de las derivaciones de la comedia en sus muy variadas formas y la breve estación del cine erótico calificado con una «S». Como veremos, con el paso del tiempo permanecerán la comedia y el *thriller* como géneros clásicos, junto a mínimos y anacrónicos exponentes, a no ser que incluyamos como género propio el cine de origen literario, lo cual obviamente sería una insensatez.

Más allá de cómo son los filmes constituyentes de nuestro *corpus*, habría que prestar atención a lo que dicen. Porque podría darse el caso de que la proximidad en cuanto a modelos productivos y apariencias formales y narrativas coincidiese con una amplia diversificación temática. De nuevo resulta difícil e injusto generalizar, pero en último término no podemos renunciar a interrogarnos sobre aquello de lo que nos hablan esas películas. No hay que dejarse engañar por las apariencias, que nos permiten clasificar con cierta comodidad los diferentes filmes en compartimentos como cine de género/cine de autor, documental/ficción, comedia/drama, argumento contemporáneo/ficción histórica, etc. Por debajo de la mayor parte de películas notorias del período, es decir, de aquellas que merecen la pena tenerse en cuenta por sí mismas y no por su valor sintomático desde una perspectiva sociológica, nos encontramos algunas corrientes de interés que inevitablemene giran en torno a dos elementos nodales: el tiempo y el espacio familiar.

Decir que el tiempo y el espacio articulan la narración de los filmes españoles del posfranquismo puede parecer tanto una ligereza como una trivial constatación de una constante común a cualquier forma de relato fílmico. Evidentemente, se trata del uso del tiempo y el espacio que asumen muchos cineastas españoles desde la perspectiva de unas muy concretas vivencias. Así, el tiempo aparece bajo la forma del recuerdo traumático, de la escena primordial, y también del deseo de olvido; el tiempo se concreta en un pasado fijado capaz de marcar fatalmente el presente o en un continuo retorno de situaciones de clausura; en una voluntad de enfatizar ese presente —mediante el relato concentrado en una breve duración— o de historizarlo cargándolo de los efectos del pasado; el tiempo se manifiesta a través de los meandros de la memoria y del olvido; el tiempo es la vía de escape del presente, del imposible retorno a la infancia, o la manifestación de la nostalgia de lo vivido y también de lo soñado; el tiempo es el lugar de despliegue del mito y la fábula, rupturas de la linealidad histórica...

Por su parte, la definición topológica alcanza muchas veces una dimensión simbólica (por ejemplo, interior/exterior o cerrado/abierto como signos de opresión/libertad), pero inequívocamente articula infinidad de relatos, las más de las veces siguiendo un esquema binario (campo/ciudad, centro/periferia, etc.). Ese espacio se organizará muchas veces como microcosmos representativo de lo social; y dentro de esos microcosmos, la escena familiar resultará altamente privilegiada. No puede sorprendernos eso, puesto que más allá de su posible naturalidad como forma de agrupamiento social, la familia, ese tótem del franquismo, se nos ofrece multifuncional: como lugar de expresión del poder, como reducto de esencias en decadencia, como metáfora de agrupamientos político-sociales más amplios, como célula económica de producción y reproducción, como ámbito de neurosis y obsesiones, como territorio de sometimiento y transgresión (por ejemplo, la abundante presencia del fantasma del incesto), como refugio emanado del pasado o como campo de batalla para múltiples emancipaciones, como marco de la maduración e iniciación al sexo, como escenario de la confrontación de viejas y nuevas costumbres sociales, etc.

No entraremos aquí en la cita de los múltiples ejemplos aducibles; tan sólo tengamos presentes estos dos claros aspectos definitorios sobre los centros de atención capaces de definir buena parte de la producción en el momento en que entremos a considerar casos concretos. En realidad, sería más fácil poner el ejemplo de aquellos filmes que consiguen huir de esa malla espaciotemporal que no lo contrario...

3. Ensayo de periodización

Debemos terminar estos prolegómenos con una breve consideración cronológica: el cine del posfranquismo, ¿es comprensible como un todo o acaso puede verse dividido en etapas suficientemente definidas? Si hasta aquí sólo hemos apuntado algunas de esas características muy generales capaces de otorgar algún sentido a la consideración del segmento cronológico iniciado con la muerte de Franco, ahora, justo antes de entrar en un análisis más detallado y perfilado, no podemos por menos que establecer algunos distingos, que por otra parte nos forzarán a hacer algunas observaciones sobre los problemas engendrados por este intento de periodización.

Vamos a analizar el cine del posfranquismo según tres bloques de diferente magnitud y significado:

a) El cine del tardofranquismo: 1973-1976.
b) El cine de la reforma: 1977-1982.
c) El cine de la democracia: 1983-1992.

La primera observación significa insistir en que un período cinematográfico no tiene por qué coincidir necesariamente con un equivalente período histórico. No olvidamos que la muerte de Franco acaeció el 20 de noviembre de 1975 y que por tanto, en puridad, parecería que nuestro empeño debería arrancar de ahí. Pero aun obviando que ni siquiera en el ámbito del análisis histórico la estricta cronología coincide con la significatividad, menos aún se da en el del análisis histórico-cinematográfico. De ahí que nos remontemos hasta 1973, en la medida en que de entonces parten las tendencias centrales del período tardofranquista, que por otra parte no se clausuran con la muerte del dictador, sino que se prolongan hasta los inicios de la reforma política en el invierno de 1976. Nos subyuga el propio término —«tardofranquismo»— en la medida en que permite asociar la idea de pervivencia e inicial continuidad con la de ineluctable liquidación; ahí se sintetizan todavía muchas de las características de la larga etapa franquista, junto con los fermentos de unos cambios que casi todos apreciaban como inevitables. Por otra parte, la lógica periodizadora que nos interesa abarca tanto las opciones estéticas, las coyunturas económicas, las preocupaciones de los cineastas, las tendencias dominantes o los géneros de moda, como las propias vinculaciones entre lo político y lo cinematográfico.

La liquidación del tardofranquismo cinematográfico fue obra de la reforma, aún no enfocada desde una perspectiva política definida al modo de lo que ocurrirá en los primeros tiempos del último bloque, asimilable al decenio largo de gabinetes socialistas. Evidentemente, no descalificamos el valor democrático del período reformista, pero es indudable que desde el referéndum de la reforma política (asimilable, por ejemplo, al primer aflojamiento de la censura) hasta la puesta en funcionamiento de los mecanismos derivados de la Constitución aprobada en 1978 (que por ejemplo permitirá el desarrollo de fenómenos como el cine vasco o una primera contribución de peso de TVE al desarrollo de la producción cinematográfica española), la democracia se va haciendo día a día, no sin sustos o retrocesos puntuales. De ahí que considerar el tercer período como el de la democracia no es tanto un mérito del partido gobernante como la constatación del fin de un proceso de homologación con las restantes democracias de la Europa Occidental, la cual, por otra parte, tampoco es sinónimo del paraíso.

Tampoco está de más señalar que la idiosincrasia de la producción cinematográfica impide un ajuste estricto en las fronteras entre esos períodos. El proceso de producción de un filme, desde las ideas previas y los tanteos para su financiación hasta el estreno, es largo. Son meses, cuando no años, los que se necesitan para poner en pie una producción y hacerla llegar al público; de ahí que muchas veces filmes diseñados y realizados en un determinado período llegan al público cuando ése ya se ha visto clausurado, con el anacronismo que pueda representar, sobre todo en el tránsito del tardofranquismo a la reforma, momento de considerable aceleración de los ritmos del cambio. Por cierto, se verá que hemos huido del vocablo «transición» por dos motivos: porque resulta un apelativo vacío, incapaz de definir un contenido propio; y porque se apoya en una vocación teleológica y finalista muy ambigua, en la medida en que ni la incertidumbre del momento tardofranquista, ni el propio desarrollo de la reforma estuvieron diseñados de antemano, en función de unos objetivos excesivamente concretos, más allá de la intención de aproximar el marco político a los homólogos europeos.

Ni que decir tiene que esa división cronológica no tiene más importancia que la de establecer un cierto orden en nuestro *corpus*, pero evidentemente no es ajena a múltiples anacronismos, pervivencias, obras tardías, excepciones, etc.; se trata simplemente de una pauta de trabajo.

II
EL CINE DEL TARDOFRANQUISMO

1. Del absentismo estatal/Una industria bajo mínimos

La entrada de la década de los setenta fue realmente trágica para una parte del cine español, para aquella que se mostraba más ambiciosa en los terrenos económico y artístico. Esa situación venía de la coincidencia de las deficiencias de la política cinematográfica estatal durante los años sesenta con la pura liquidación de cualquier política; es decir, con el más radical abstencionismo de la administración, la cual precisamente era la mayor responsable de esa crisis que condujo a la industria a una situación bajo mínimos.

Las medidas tomadas a partir de 1963 por José María García Escudero y concretadas sobre todo en las «Normas para el desarrollo de la cinematografía» del 19 de agosto de 1964, no estaban exentas de contradicciones, especialmente entre la voluntad de promoción de un cine de mayor nivel cualitativo —simbolizado en fenómenos como el Nuevo Cine Español (NCE) o la Escuela de Barcelona— y el saneamiento en profundidad de las estructuras de las diversas ramas de la industria cinematográfica. Por una parte, el NCE podía vivir de espaldas al público —aunque ésa no fuese obviamente la intención de sus artífices— y por otra el resto de la producción aparecía claramente inflacionada por un considerable número de subproductos, muchos de ellos en régimen de coproducción (138 películas en 1967 con 90 coproducciones entre ellas).

La caída de García Escudero significó no sólo el fin de su política, sino un auténtico desmantelamiento de las iniciativas en marcha, matando casi por decreto (el que liquidaba la Dirección General de Cinematografía) al NCE e inaugurando la opción absentista encabezada en 1969 por el nuevo ministro de Información y Turismo, el integrista Sánchez Bella, que iba a estrangular las pocas iniciativas de riesgo que pudieran intentarse. Ciertamente, la generosa política de subvención estatal había conducido al agotamiento de las arcas estatales (básicamente el Fondo de Protección a la Cinematografía, alimentado por los cánones de doblaje de los filmes extranjeros), de tal forma que a los problemas tradicionales —la deficiente comercialización del cine español, la incompetente acción de Cinespaña en la promoción exterior o el inamovible fraude por dejadez en el control de taquilla— se unía el retraso en el cobro de las subvenciones hasta en más de un año, llegando la deuda en 1970 hasta los 230 millones de entonces. Claro que en vez de pagar esa deuda ya adquirida, la solución inmediata fue reducir, en 1971, la protección automática del 15 al 10 % de la recaudación en taquilla, a través de un decreto del 12 de marzo de 1971; restringir la participación del Banco de Crédito Industrial —como consecuencia del escándalo MATESA—, de tal forma que los 325 millones de 1968 se transformaron en 94,8 en 1969; y suprimir la categoría de «especial calidad». Esas medidas sólo se paliaron con la autorización del aumento del precio de las localidades en dos años consecutivos (1971 y 1972), que muy poca incidencia tenía en el sector de la producción, y derivaron, por otra parte, en una creciente dependencia del sector distribución a través de sus adelantos.

Por todo ello, dentro de la actividad industrial, 1973 resultaría ser un año importante, puesto que cambió la dinámica estatal con el retorno a una política cinematográfica que coincidía con muchos de los propósitos del período García Escudero. Durante el efímero ministerio del opusdeísta Liñán y Zofío se reinstaura la Dirección General de Cinematografía, en septiembre se retorna al 15 % de subvención automática, se incrementa el Fondo de Protección (cuya deuda ya superaba los 500 millones), aunque también se incrementa el Impuesto de Tráfico de Empresas (ITE) del 3,5 al 4,5 %. Todo ello coincidía además con un cambio de dinámica dentro de la propia industria cinematográfica española, con una progresiva depuración de las falsas coproducciones (que chupaban un dinero necesario para la producción auténticamente nacional), el comienzo de una tendencia de concentración del capital y sobre todo un recambio en la identidad de los productores más activos, donde empresas como Frade, Picasa, Arturo González, Agata Films o IFISA comenzaban a sustituir a las Suevia Films, Balcázar, Perojo, etc.

2. La hora de la apertura

Ése era el panorama desde donde arrancamos al abordar el tardofranquismo en su vertiente cinematográfica. Desde un punto de vista político, ese período se puede remontar a dos hechos claramente conexos: la muerte de Carrero Blanco a fines de 1973 y el nombramiento a primeros de enero de 1974 de Carlos Arias Navarro como su sucesor en la presidencia del gobierno. Sin embargo, no serían las medidas legislativas o económicas las que definirían los primeros tiempos del período, sino la participación del cine en una supuesta operación aperturista que se plasmaría en las propuestas hechas por Arias en las Cortes (sintomáticamente conocidas como el «espíritu del 12 de febrero») y parecería concretarse en el fugaz paso de Pío Cabanillas —antiguo colaborador de Fraga— por el ministerio de Información y Turismo.

De hecho, Arias Navarro encarna mejor que nadie ese tardofranquismo dubitativo y temeroso, cada vez más consciente de los caminos divergentes que estaban siguiendo el régimen y la sociedad española. La supuesta voluntad de apertura, que en 1974 permitió el estreno de un filme tan conflictivo como *La prima Angélica*, empezó a naufragar con el cese de Cabanillas a los nueve meses de su nombramiento, de forma que su consumación en las Normas de Calificación Cinematográfica de febrero de 1975 resultó no sólo timorata y ridícula, sino tardía. El fragmento más significativo de tales normas, que en términos generales no divergían en exceso del código de 1963, consistía en la aceptación del desnudo siempre que respondiese a «necesidades del guión» y que no conturbase al «espectador medio». Por otra parte, se mantenían las restricciones en relación a las alusiones a la prostitución.

La prima Angélica (1974), de Carlos Saura

La mayor contribución de esas normas a la supuesta apertura, siempre condicionada al carácter moralizador de los finales de las películas y que no era más que otra forma de intentar perpetuar la propia censura, fue el fenómeno del llamado «destape», consistente simplemente en intentar mostrar algún aspecto anatómico hasta entonces considerado improcedente. Con el «destape», que tenía algún glorioso antecedente como *Juventud a la intemperie* (1961), de Ignacio F. Iquino, y una amplia tradición en la práctica de la doble versión (exhibicionismo para el exterior, castidad para el interior), que se hizo célebre con el escándalo de *Las melancólicas* (1973), de Rafael Moreno Alba, en que una confusión de la copia a exhibir descubrió el doble juego, se comenzó una alocada carrera exhibicionista que ilustraría —en el sentido literal del término— los años del tardofranquismo. Desde la teta de Carmen Sevilla en *La loba y la paloma* (1973), de Gonzalo Suárez, hasta el pubis entrevisto de María José Cantudo en *La trastienda* (1975), de Jorge Grau, pasando por el trasero de Patxi Andión en *El libro del buen amor* (1974), todo fue una progresión exhibicionista que sirvió para hacer efímera y coyunturalmente famosas a una pléyade de *starlettes* como Nadiuska, Ágata Lys, María José Cantudo, Bárbara Rey, Mirta Miller, Susana Estrada, Mary Francis, Eva León, Dianik Zurakowska, Claudia Gravi y un largo etcétera, que enturbiaron los ya complicados sueños de muchos españoles en esos momentos históricos, así como la familiaridad de los dormitorios, los cuartos de baño y la bañera como decorado justificativo de la escena.

La cuestión a plantearse es si esa vocación aperturista fue más allá de lo erótico y alcanzó el ámbito de lo político. El año 1975 fue claramente dubitativo, puesto que junto con el plácet, no carente de problemas, para títulos como *Furtivos*, de José Luis Borau, o *Pim, pam, pum... fuego*, de Pedro Olea, un corto como *El increíble aumento del coste de la vida* (1974), de Ricardo Franco, vio prohibida su exhibición. Esa incertidumbre se mantuvo durante todo el gobierno Arias, es decir, hasta el verano de 1976: en febrero se abolía la censura previa de guiones y se autorizaba el estreno de *Pascual Duarte*, de Ricardo Franco, y *Las largas vacaciones del 36*, de Jaime Camino, al precio de la amputación de sus respectivos últimos planos; pero al mismo tiempo, la revista *Fotogramas* era secuestrada un mes antes por un artículo intitulado «Quién es quién en la censura», y a lo largo del año se retenían títulos como *La petición*, *Furia española* (que recibió hasta veinte cortes), *La ciu-*

tat cremada, etc.; la apertura del tardofranquismo no daba para más.

3. Un cine de interés sociológico

A no dudar que los estudiosos de la sociedad tardofranquista pueden encontrar en algunas de las tendencias fílmicas de ese momento un abundante material de campo para la reconstrucción del *homo franquista*. Sólo desde la coartada sociológica, desde la voluntad de encontrar vías indirectas que permitan penetrar en las profundidades de la mentalidad inherente a los últimos años del franquismo, es posible dar alguna relevancia a una producción cinematográfica que hizo de su raquitismo estético y conceptual —además de industrial— su mejor virtud. Un raquitismo que, evidentemente, no equivale a inutilidad o ineficacia, ya que, mal que pese, tales filmes no dejaron de ser representativos tanto de ciertos estratos de la sociedad española, como de la forma en que la mayoría de los responsables de la producción cinematográfica —administradores estatales e industriales— entendían que eran las necesidades y aspiraciones de una parte considerable de la población.

Nos estamos refiriendo a eso que de forma afortunada algunos tildaron como cine «de subgéneros», entendido no como nobles segmentos de la razonable tradición de los géneros cinematográficos, sino como degeneración de ciertos modelos, en parte derivados del tronco hollywoodiense, pero con dosis nada despreciables de valores autóctonos. Un cine de «subgéneros» alimentado por «subproductos» fílmicos que se remontaban a un doble origen: la reciente experiencia de las coproducciones de bajo nivel que encontraron su gran expansión durante los años sesenta, y el devenir de la comedia cinematográfica española, a lo que cabrían añadir algunas variantes dramáticas que no por sus pretensiones superaban el grado del subproducto.

Las coproducciones habían comenzado en los años cincuenta, mayoritariamente con Italia como socio. En buena parte se trataba de comedietas intrascendentes que intentaban aliar las formas más trivializadas de la comedia «a la italiana» posneorrealista con algunos elementos españolizantes, muchas veces decantados hacia el terreno de lo «folclórico» o a la promoción de los incipientes intereses turísticos, en lo que Italia también servía de ejemplo. Títulos como *Las aeroguapas* (1957), de Mario Costa, *Los italianos están locos* (1958), de Duilio Coletti y Luis María Delgado, o sobre todo *Pan, amor y... Andalucía* (1958), de Javier Setó, esta última penoso cierre de una popular saga, son suficientemente representativos. Mientras, la otra cara de las coproducciones europeas —con Francia— se centraba mucho más en filmes próximos al gusto de la españolada histórica, próxima al estilo implantado en París por Luis Mariano, precisamente el intérprete de títulos como *Violetas imperiales* (1952), de Richard Pottier, *La bella de Cádiz* (1953), de Raymond Bernard, o *Las aventuras del barbero de Sevilla* (1954), de Ladislao Vajda, junto a Carmen —las dos primeras— y Lolita Sevilla respectivamente. Sin embargo, el género que más directamente iba a enlazar con las coproducciones de los años sesenta sería el *peplum*, que podemos remontar al *Mesalina* (1951), de Carmine Gallone, o *Esclavas de Cartago* (1956), de Guido Brignone, y cuya vigencia alcanzaría hasta los primeros momentos de la nueva década.

Sin menospreciar otras opciones de coproducción que permitieron, por ejemplo, el trabajo en España de cineastas como Rosi, Zampa, Puccini, etc., o salvando en alguna medida los *peplums* más cualificados, bajo la responsabilidad de cineastas inequívocamente cultos —pensamos en Cottafavi o Freda—, el declive de ese género dio paso, a partir de los primeros sesenta, a la búsqueda de otros filones con un grado de exigencia aún mucho menor. El principal entre ellos fue la extensión hispana del *spaghetti-western*, donde a las habitualmente favorables condiciones de rodaje y financiación —gracias al generoso y poco cauteloso proteccionismo del Estado español— se añadían los supuestamente adecuados escenarios naturales de Almería, Esplugas, Torrejón o los Monegros.

Posteriormente se le irían uniendo otros subgéneros, casi siempre derivados de éxitos internacionales capaces de implantar modas más o menos duraderas: el cine de agentes secretos, el *thriller* terrorífico derivante en el retorno a algunos temas clásicos del género fantástico, la parodia humorística, etc. En algunos casos, esa temática de las coproducciones se enraizó en el hacer de algunos cineastas españoles, convertidos en especialistas autóctonos. Tal sería el caso de gente como Joaquín Romero Marchent y Alfonso Balcázar en el *western*, o de Jesús Franco, León Klimovsky, Amando de Ossorio, Carlos Aured y, finalmente, el inefable Jacinto Molina en el cine de terror.

A partir de 1973, durante lo que hemos venido en llamar tardofranquismo, la situación de ese cine de subgéneros en su variante derivada de las coproducciones estaba en franca decadencia por lo que respecta al *western* y los agentes secretos, mientras que con un cariz mucho más nacional, el cine de terror estaba experimentando su mejor momento, dentro obviamente de los mínimos márgenes cualitativos en que se movía. De hecho, el bajón de las dos primeras tendencias estaba vinculado a la progresiva caída de la política de coproducción; eso se puede ver si comprobamos que entre los siete *westerns* producidos en España en 1973, tres eran coproducciones italianas y una americana, mientras que en 1974 se localizan cuatro italianas y una británica sobre un total de nueve, y tres italianas y una alemana sobre tan sólo seis títulos en 1975, año que prácticamente certifica la desaparición de las coproducciones; y con ellas del género, del que sólo restarán subproductos residuales en los quince años siguientes.

Por su parte, el *thriller* policíaco se movió entre 1973 y 1975 con un promedio cercano a los seis o siete subproductos, incluyendo alguna episódica coproducción italiana. Sin embargo, hay que señalar que aquí la tendencia fue distinta a la del *western*, ya que no iba a desaparecer el género —como veremos—, sino que éste iba a verse crecientemente valorado en los últimos tiempos del tardofranquismo. Incluso hay que entender que las pretensiones del *thriller* inmediatamente anterior a 1975 también eran mucho mayores que en otros subgéneros, incluido el terror. De una parte, producciones no exentas de alguna calidad, con ambición industrial como

Un verano para matar (1972), de Antonio Isasi, siguiendo una línea ya iniciada con títulos de cierta acogida internacional como habían sido *Estambul 65* (1965) y *Las Vegas 500 millones* (1967); o la ambición levemente autorística del primer largometraje de Jesús García de Dueñas, *El asesino no está solo* (1973), o del *Nadie oyó gritar* (1972) de Eloy de la Iglesia, en la línea ya iniciada con títulos poseedores de cierto prestigio, como *El techo de cristal* (1970) o *La semana del asesino* (1971).

De otra parte, se dieron en esos años algunos *thrillers* eminentemente moralistas y al tiempo sensacionalistas, al amparo del primer destape. El punto de partida vino dado por José Antonio de la Loma, otro contumaz autor de productos supuestamente sólidos en la industria española pero inequívocamente subgenéricos respecto a la producción internacional. Después de una variopinta trayectoria que abarcaba títulos tan dispares como *Totó de Arabia* (1964), *El magnífico Tony Carrera* (1968), *Golpe de mano* (1969), *Timanfaya/Amor prohibido* (1971) y *El más fabuloso golpe del Far-West* (1971), con *Razzia* (1972), de la Loma inició una nueva etapa —proseguida con *El último viaje* (1973) y *Metralleta Stein* (1974)— en la que la estructura del *thriller* de acción servía de contenedor para un discurso reaccionario y moralista sobre las lacras de la sociedad del momento; para ello, por supuesto, los hábitos del destape resultaron un complemento importante. Tras un interregno de desconcierto, con títulos más abiertamente destapistas —*Las alegres chicas de El Molino* (1975) y *La nueva Marilyn* (1976)—, de la Loma reiniciará otra tendencia del *thriller* sobre la que volveremos más adelante. Esa línea de moralismo a ultranza no sería ajena a algún otro título, como *Pena de muerte* (1973), de Jorge Grau.

El floreciente subgénero del terror (con sus variantes más abiertamente hemoglobínicas y eróticas, pero también en la vertiente más psicológica o de suspense y en una muy particular revisitación de los clásicos del género) tampoco fue, en su general indigencia, homogéneo y uniforme. Dejando de lado pretendidos tonos autorísticos en cineastas como Franco o Molina, cierto es que en los márgenes del subgénero se debería situar alguna obra de interés, como es el caso de *La novia ensangrentada* (1972), de un Vicente Aranda en plena travesía del desierto, no obstante muy superior a la de otro viajero, Gonzalo Suárez, autor de la más que fallida *Morbo*, con Juan Cueto de coguionista; la voluntariamente abstrusa *La casa de las palomas* (1971), de Pedro Olea, que pese a sus pretensiones metafóricas no remonta más allá del subgénero, aun la notoriedad lograda con la apreciable *El bosque del lobo* (1969), pieza mayor del terror hispano; y tal vez *La campana del infierno* (1973), del malogrado Claudio Guerín, fallecido en un accidente durante el rodaje.

Dentro de lo puro y duro del subgénero, tradicionalmente se destacan algunos títulos como la crema del período. Empezando, tal vez, por *El conde Drácula* (1970), de Jesús Franco, y *La noche de Walpurgis* (1970), de León Klimovsky, esa breve nómina se reduce a un puñado de filmes como *Pánico en el Transiberiano* (1972), de Eugenio Martín —con Christopher Lee y Peter Cushing—, *El asesino de muñecas* (1973), de Michael Skaife (alias de Miguel Madrid), *No profanar el sueño de los muertos* (1974), de Jorge Grau, y *Juego de amor prohibido* (1975), de Eloy de la Iglesia.

En esos y otros títulos se trasluce una de las directrices más características del cine de subgénero: la dependencia de determinados filmes de éxito internacional. Los primeros setenta estaban, en ese sentido, marcados por filmes como *La noche de los muertos vivientes* (The Night of the Living Dead, 1968), de George A. Romero, *El exorcista* (The Exorcist, 1973), de William Friedkin, y *La matanza de Texas* (The Texas Chainsaw Massacre, 1974), de Tobe Hooper, por no hablar de la decadente continuidad del cine de terror británico o del ascenso del *psicho-thriller* italiano, representado por Dario Argento. Así que junto a revisiones de temas clásicos como *La venganza de la momia* (1973), de Aured, o *La maldición de Frankenstein* (1973), de Franco, nos podemos encontrar sucedáneos tan obvios como *La noche de los brujos, La noche de la furia, La noche de las gaviotas, La noche de los asesinos, Exorcismo, No profanar el sueño de los muertos, La endemoniada, Una libélula para cada muerto, Los ojos azules de la muñeca rota, Todos los gritos del silencio*, etc. Y aún podríamos señalar otra pequeña tendencia conexa con el resurgir de las adaptaciones literarias del momento: *Flor de santidad* (1972), de Adolfo Marsillach, y *La cruz del diablo* (1975), de John Gilling, son los exponentes más claros.

Pese a todo, el cine de subgéneros del tardofranquismo encuentra en el terreno de la comedia sexy y del drama erótico sus más ricos filones. De hecho, el origen de la comedia sexy se remonta a los años sesenta, puesto que resulta del devenir de una tendencia ya claramente marcada por lo que se llamó el «landismo», nombre tomado del tipo encarnado por Alfredo Landa en numerosas películas de la segunda mitad de los años sesenta, perpetradas básicamente por Mariano Ozores, Pedro Lazaga y Javier Aguirre, y en las que intervenían obviamente otros intérpretes tan característicos como José Luis López Vázquez, Gracita Morales, Paco Martínez Soria, Antonio Ozores, etc. Esas comedias que conectaban a su vez con las iniciales propuestas «desarrollistas» de finales de los cincuenta (con Dibildos como productor protagonista), pero cargando las tintas en los valores paródicos y en la carencia de sutileza, tienen la inapreciable ventaja de definirse por sus títulos: *Las que tienen que servir, Pero... ¡en qué país vivimos!, Los subdesarrollados, Los que tocan el piano, Una vez al año ser hippy no hace daño, Soltera y madre en la vida, Cateto a babor, Vente a Alemania, Pepe, Operación cabaretera, El turismo es un gran invento, La ciudad no es para mí, ¡Cómo está el servicio!, Déle color al difunto, Por qué pecamos a los cuarenta,* y un largo etcétera. Sus temas se basaban bien en la parodia de las tendencias de moda, bien de las costumbres o de los grandes tópicos que caracterizaban a la sociedad española del momento: turismo, inmigración urbana y emigración exterior, servicio doméstico, consumismo, pervivencia de las viejas tradiciones, etc. Esa impregnación superficial pero auténtica en las preocupaciones y situaciones de buena parte de los españoles, siempre bajo un prisma de absoluto reaccionarismo y con todo tipo de coartadas moralistas, junto con unos módulos fílmicos de gran sencillez y eficacia humorística, y sobre todo un intenso trabajo de tipologización de esa pléyade de actores y actrices siempre repetidos pero de segura empatía con un público a medio camino entre la identificación y la superioridad, fundamentaron el indiscutible éxito comercial de un cine que casi monopolizó la producción española en la crisis del tránsito entre ambas décadas.

Sin variar en absoluto sus trazos generales, a medida que se fue entrando en los años setenta, el subgénero se fue decantando prioritariamente hacia aspectos más descaradamente vinculados al sexo, con un creciente grado de explicitud en temas y situaciones —incrementado obviamente en la época del destape, que significó el añadido de algunas *starlettes* a la nómina actoral habitual—, capaces de abordar, en forma tan reaccionaria como siempre, asuntos como el adulterio, la represión, la homosexualidad, los problemas psicosexológicos, etc., resueltos siempre, no obstante, en clave de equívoco y de recomposición de las normas establecidas. Siempre en busca del reclamo inmediato y sin ninguna sutileza, de nuevo los propios títulos ya resultan suficientemente significativos, a partir del más claramente iniciador de la tendencia: *No desearás al vecino del quinto* (1970), de Ramón Fernández. Junto a él señalemos, sin ánimos de ser exhaustivos, otros como: *Una señora llamada Andrés, Aunque la hormona se vista de seda, No desearás a la mujer del vecino, Los días de Cabirio, Vente a ligar al Oeste, Ligue Story, La liga no es cosa de hombres, París bien vale una moza, Los novios de mi mujer, Busco tonta para fin de semana, Manolo la nuit, Doctor, me gustan las mujeres, ¿es grave?, Celos, amor y Mercado Común, El abuelo tiene un plan, Dormir y ligar, todo es empezar, Soltero y padre en la vida, El insólito embarazo de los Martínez, Sex o no sex, Las obsesiones de Armando, Polvo eres..., No ligarás con las viudas del prójimo, Cuando el cuerno suena, Los pecados de una chica casi decente, No quiero perder la honra, Solo ante el streaking, La dudosa virilidad de Cristóbal, Zorrita Martínez, De profesión polígamo, Último tango en Madrid, El erotismo y la informática, Esclava te doy, Virilidad a la española*, etc. Tanto da citar directores o años, puesto que entre 1970 y 1975 todos son intercambiables, ya que el modelo predomina sobre cualquier veleidad de autonomía autoral. En el año de nacimiento del tardofranquismo, 1973, debemos —sin embargo— singularizar un filme, *Lo ver-*

de empieza en los Pirineos, de Vicente Escrivá, por su propio valor metarreferencial, al penetrar en las esencias del por qué de la adicción de un amplio sector del público español a ese cine y tematizar la propia represión imperante que justificaba en buena medida el éxito de esos filmes.

Bajo ningún concepto se debe olvidar, pese al habitual menosprecio crítico hacia este subgénero, que *No deseará al vecino del quinto, La ciudad no es para mí* y *Pero... ¡en qué país vivimos!* ocupaban la segunda, tercera y cuarta posición entre los filmes con mayor número de espectadores del cine español hasta finales de 1987. Y tampoco estará de más señalar la cada vez más absorbente presencia de esas cintas en las emisiones televisivas españolas de estos últimos tiempos, dentro de la desesperada búsqueda de audiencia.

No se puede acabar este repaso del cine de subgéneros del tardofranquismo sin hacer alguna mención a tendencias secundarias, como las formas más degradadas —aunque taquilleras— del cine musical, por lo general al servicio de cantantes de éxito como Manolo Escobar (*Me has hecho perder el juicio, Pero Eva, ¿qué hace ese hombre en tu cama?)* o Raphael (*Volveré a nacer*). Pero sobre todo sin explorar la otra vertiente sexualizada del cine de subgéneros: la dramática.

En 1973 se estrenó un título de esos que merecen justificadamente el calificativo de paradigmático: *Experiencia prematrimonial*, de Pedro Masó. Tras una larga carrera como productor y dos títulos insignificantes como director —*Las Ibéricas F.C.* (1971) y *Las colocadas* (1972)—, Masó abordó un tema actual, audaz y trascendente —las relaciones prematrimoniales— pertrechado con un guión del prestigioso (!) padre Martín Descalzo, con el apoyo de una incipiente estrella foránea (Ornella Muti) y una lectura del asunto tan reaccionaria y convencional como en sus películas anteriores, que como productor autónomo debemos recordar se remontaban a *La gran familia* (1961), de Fernando Palacios... Las condiciones estaban dadas para el éxito comercial que obtuvo el filme, abriendo el camino a numerosas películas dispuestas a abordar —ahora en clave dramática y moralizante— los temas más «fuertes» que, con el sexo de fondo, afrontaba la sociedad española de las postrimerías del franquismo.

Tras la brecha de *Experiencia prematrimonial* se colaron otros tantos títulos de obvia referencia directa, como *Una chica y un señor* y *Cebo para una adolescente*, pero también hubo extensiones hacia la problemática matrimonial, en un país recordemos que sin divorcio: *El juego del adulterio, El amor empieza a medianoche, Una pareja distinta, Separación matrimonial, Matrimonio al desnudo, Imposible para una solterona, Relación matrimonial y otras cosas*, etc. A medida que la «apertura» fue haciéndose operativa, también el atrevimiento temático y la explicitud en los títulos: *El chulo, Odio mi cuerpo, Los inmorales, Obsesión, Ambiciosa, Vida íntima de un seductor íntimo, El vicio y la virtud*, etc.

De todas formas, dentro del antes citado interés «sociológico» de todos estos productos, en la vertiente dramática aparece una tendencia importante por la explicitud de su juego: el drama de denuncia. Aquí se trataba de atacar las grandes lacras de la sociedad en el terreno de las costumbres, de forma semejante a como de la Loma lo estaba haciendo a través del *thriller*. Junto con algunos aspectos colaterales, como los trasplantes (*Autopsia, ¿... Y el prójimo?*), el sexo volvía a ser el eje central de las denuncias. *Aborto criminal* (1973), de Ignacio F. Iquino, significó el pistoletazo de salida de una carrera en la que se alinearon *El derecho a la vida, No matarás, El precio del aborto* o *El despertar*; pero junto al aborto hay que reseñar la prostitución —*Chicas de alquiler, Las marginadas, Las protegidas*—, las madres solteras —*Madres solteras*—, la iniciación al sexo —*Las adolescentes, La menor*—, etc.

En la imposibilidad de analizar en detalle esos títulos y más interesados por el momento en definir rasgos generales, no estaría completa la revisión del cine de subgéneros si no tuviésemos en cuenta determinadas constancias que, dentro de lo posible, dan coherencia y homogeneidad a ese aquelarre de filmes. Productoras como Iquino, Frade, Picasa, Agata Films, Perojo, Masó, Balcázar, Profilmes, etc., son piezas clave en la existencia de ese cine, tal como lo son los actores antes citados —a los que se fueron incorporando nuevas figuras, como José Sacristán— y evidentemente unos equipos ténicos mantenidos en sucesivas producciones. Pero no sería justo —para bien o para mal— olvidar la contribución sustancial de dos guionistas que reinaron auténticamente en esos breves años: Santiago Moncada y Juan José Alonso Millán. Prolíficos hasta la saciedad ambos, con amplia experiencia teatral, el primero era además absolutamente proteico, capaz de escribir una comedieta, un drama sentimental o un filme de terror, mientras que el segundo tenía mayor predilección por la comedia y el drama. En absoluto estudiados, tal vez porque su valor intrínseco sea muy bajo, se constituyen en síntomas mayores del momento.

4. El cine metafórico

Toda situación de carencia de libertad de expresión, inherente a cualquier régimen totalitario, genera unas formas alusivas e indirectas de referencia a lo prohibido. En ese sentido, el cine español sometido a la férrea y arbitraria censura franquista no podía ser una excepción, de tal forma que con el paso del tiempo se fue gestando una forma oblicua de acercarse a la realidad y de decir aquello que se situaba fuera de los límites permitidos. Tras una fase, los años cuarenta, en que cualquier asomo de disonancia era simplemente inexistente —en medida proporcional a la existencia de los pelotones de ejecución—, con la obligada distensión que se alcanzó en los años cincuenta ya fue posible un esbozo de disidencia cinematográfica. Fue en ese momento cuando empezó a desarrollarse una forma de hacer y decir cinematográficos que, convencionalmente, se ha venido en llamar «cine metafórico».

Sin duda, las primeras muestras explícitas de ese decir sin decir, de ese aludir sin nombrar, las encontraríamos en la obra de Juan Antonio Bardem. Obras como *Cómicos* (1953), *Muerte de un ciclista* (1955), *Calle Mayor* (1956), *La venganza* (1957), *Sonatas* (1959), *A las cinco de la tarde* (1960) o *Nunca pasa nada* (1963), sólo adquirían su pleno sentido en función de una «doble lectura» que impulsase una interpretación simbólica de buena parte de sus personajes, situaciones, diálogos, etc. No era ésa la única forma de manifestarse la disidencia en el sector cinematográfico, puesto que otros cineastas —como Berlanga, Ferreri o Fernán-Gómez— abrían espacios de libertad crítica por la vía de la recurrencia a las tradiciones culturales hispanas (picaresca, esperpento, humor negro, etc.) o a un bienintencionado *tour de force* realista, caso del Saura de *Los golfos* (1959). Pero la progresiva asfixia de estos últimos intentos, de raíz mucho más popular que intelectual y por tanto en el fondo más peligrosos desde la ortodoxia del régimen, fue decantando hacia el territorio de lo metafórico aquel cine que pretendía desarrollar un sentido crítico de la realidad dada.

La evolución de Carlos Saura fue en ese sentido ejemplar y decisiva. Después de su síntesis entre elementos neorrealistas y próximos a los «nuevos cines» de *Los golfos*, intentó —fallidamente— la opción «nacional-popular» con *Llanto por un bandido* (1963). Y su siguiente filme, *La caza* (1965), significó el auténtico inicio de esa corriente metafórica, sintomáticamente asociada a su primera colaboración con el productor Elías Querejeta. Para Bardem, los símbolos se insertaban en el desarrollo de una trama narrativa esencialmente convencional, en que jalonaban —mediante los monólogos (de los personajes-conciencia), diálogos o ciertas figuras retóricas visuales obtenidas por la planificación, la angulación, el movimiento de cámara o el montaje— el discurrir de un relato perfectamente anclado en los modelos de la novela psicológica clásica (*Cómicos, Muerte de un ciclista, Calle Mayor, Nunca pasa nada*), en la épica nacional-popular (*Sonatas*) o, todo lo más, en el teatro de tesis (*A las cinco de la tarde*). Frente a eso, el símbolo, en el Saura de *La caza* —aún vinculada al realismo fenomenológico introducido en España por *El Jarama*, de Sánchez Ferlosio—, y cada vez más en sus siguientes filmes, iba a convertirse en el núcleo central de la propuesta argumental y de la puesta en escena. Desde *La caza, Peppermint frappé* (1967) o *La madriguera* (1969), que admiten una lectura metafórica, hasta *El jardín de las delicias* (1970) y *Ana y los lobos* (1972), que sólo pueden entenderse como construcción simbólica, sin asomo ya de elementos naturalistas, Saura trazó una trayectoria que asumía y resumía el devenir del cine metafórico.

En la medida en que el cine de Saura pueda inscribirse en la nómina del «nuevo cine español», lo cual no es fácil en cuanto que mientras éste se agostó muy rápidamente, Saura no dejó de hacer cine en ningún momento, debemos entender que el cine metafórico asumía las dosis de moderada disidencia —consentida— que fundamentaba el cine de los Picazo, Regueiro, Patino, Fons, Eceiza, Diamante, etc. En una palabra, el cine metafórico mantendría dentro de los límites del posibilismo, la voluntad disidente y, sobre todo, en la perspectiva del cine dominante en el ámbito español —el cine de subgéneros—, la convicción del cine como valor cultural. Hay que entender, además, que el leve desarrollo de este tipo de cine se apoyaba, pese a todas las restricciones, en la recepción internacional —vía festivales— y en la formación de un nuevo público hispano más o menos «progre» y culto, capaz de asumir esa faceta excepcional de la producción cinematográfica española.

Llegados al tardofranquismo, en los momentos en que empezaba a superarse la crisis industrial que había postrado incluso a Querejeta —que no obstante aún producía *Ana y los lobos* en 1972— y en el seno de las contradicciones que asolaban no sólo al régimen, sino a la propia sociedad española, el cine metafórico iba a alcanzar sus mejores momentos, aprovechando la dialéctica entre permisividad y represión, entre el decir y el no decir, entre lo implícito y lo explícito. En 1973 aparecen dos títulos altamente significativos, ambos producidos por Elías Querejeta: *El espíritu de la colmena*, de Víctor Erice, y *Habla mudita*, de Manolo Gutiérrez Aragón, a los que se uniría al año siguiente otra película de características claramente francotiradoras, *Los viajes escolares*, de Jaime Chávarri, que tras su estrepitosamente negativa recepción en el Festival de Valladolid, tardaría algún tiempo en estrenarse. En los dos años siguientes, Carlos Saura contribuiría con dos obras fundamentales —*La prima Angélica* (1974) y *Cría cuervos* (1975)—, también asociadas a la labor de Querejeta; a ello se añadirían entre

El espíritu de la colmena (1973), de Víctor Erice

1975 y 1976 algún que otro título, como *Furtivos* (1975), de José Luis Borau, *Pascual Duarte* (1976), de Ricardo Franco, y *El puente* (1976), de Bardem. Advirtamos de inmediato, sin embargo, que a diferencia del cine de subgéneros, en el que los rasgos generales predominan sobre las particularidades, este cine metafórico, más allá de su tendencia global, se define desde una perspectiva mucho más autoral y personal, lo cual hace que no puedan meterse todos esos títulos en un mismo y único paquete, sino que tengamos que hacer algunos distingos, más si tenemos en cuenta que en las filas de sus cultivadores encontraremos algunos de los nombres clave del cine del período que estudiamos.

Sin duda, con *El espíritu de la colmena* se alcanzó la cumbre del cine metafórico y tal vez del propio cine español en general. No cabe duda de que el primer largometraje de Erice permite u obliga

Mile End Library
Queen Mary, University of London
Christmas Vacation 18th Dec - 9th Jan

Extended vacation loans
Ordinary loans borrowed or renewed
from 20th Nov
will be due back on Friday 14th Jan
One Week Loans borrowed or renewed
from 11th Dec
will be due back on Wed 12th Jan

Borrowed Items 03/12/2010 19:40
XXXXXX5625

em Title	Due Date
Modes of representation in	10/12/2010
Veinte aos de cine espaol	01/04/2011
El cine espaol despues de	01/04/2011

Indicates items borrowed today
LEASE NOTE
you still have overdue books on loan
ou may have more fines to pay

a diversas lecturas de segundo grado: empezando por su mismo título, puesto que un «espíritu» siempre es alusivo y la «colmena» es una metáfora mayor dentro de la tradición cultural durante el franquismo, pero sobre todo como reflexión en torno a la cerrada y «ordenada» vida española de la inmediata posguerra; como metarreflexión sobre el propio dispositivo cinematográfico, especialmente referido a la tradición del género fantástico, mediante la presencia de uno de sus mitos centrales, el monstruo de Frankenstein; como indagación sobre el bien y el mal, sobre la iniciación a la vida y al conocimiento desde la inocencia infantil; etc. La mayor virtud de *El espíritu de la colmena* tal vez fuese la perfecta imbricación entre todas esas líneas de interpretación en un conjunto perfectamente equilibrado; pero lo que aún es más importante: ese equilibrio alcanza sobre todo y prioritariamente la propia textura formal del filme. Los aspectos simbólicos no se manifiestan, pues, a través de los raramente sustanciales diálogos o en la construcción de situaciones-clave, sino que la luz, la creación de un agobiante ambiente visual y sonoro, de los gestos sin palabras, de los juegos y rituales infantiles, etc., son otras tantas pautas sugeridoras de la lectura simbólica. *El espíritu de la colmena* huye, de esa forma, de cualquier tentación tipo «diccionario de símbolos», para hacer precisamente del conjunto, de la impresión global transmitida al espectador, el objeto de su eficacia metafórica. Es decir, se trata de un buen filme metafórico porque se trata de un gran filme a secas, no por la trascendencia de lo que se dice alusivamente o por el ingenio con que se haya desplegado la propuesta metafórica.

Habla mudita significó a su vez el debut en el largometraje de otro de los nombres esenciales del cine español posfranquista: Manolo Gutiérrez Aragón. También aquí, aunque desde otra perspectiva, se nos ofrece una reflexión sobre el conocimiento y se nos enmarca en un ambiente rural, no careciendo de connotaciones autorreflexivas sobre las posibilidades comunicativas de un intelectual respecto al pueblo llano, representado por una muchacha muda de la montaña santanderina. Mucho más obvia en su carácter metafórico que *El espíritu de la colmena* y también más balbuceante en sus aspectos guionísticos —donde también participa José Luis García Sánchez— y formales, *Habla mudita* interesa por sí misma y por lo que tiene de franco anticipo de muchas de las preocupaciones de las que serán futuras películas de su autor, pese a que aquí aún vienen tamizadas por el *look* característico del cine producido por Querejeta, fruto de la presencia de su equipo habitual: Luis Cuadrado, Pablo del Amo, Luis de Pablo, e incluso José Luis López Vázquez —actor «recuperado» por Saura desde el cine de subgéneros— como protagonista, etc. Menos preocupado por los aspectos estéticos que Erice, más sutil e irónico que Saura, Gutiérrez emprende una de las trayectorias indiscutiblemente más coherentes del cine español de esos años, al haber conseguido aunar prácticamente siempre sus preocupaciones personales con las posibilidades derivadas de su ubicación en la industria cinematográfica española.

Muy distinta será precisamente la suerte de Jaime Chávarri, autor de *Los viajes escolares*, la tercera muestra metafórica del cine tardofranquista. Siendo, en el fondo, el filme más rabiosamente personal de los tres citados hasta aquí, si entendemos como tal la absoluta ausencia de pudor en su descripción de la cerrada vida comunitaria de una familia recluida en el campo y sus consecuencias desequilibradoras sobre un individuo débil psíquicamente, al estar sometido a un campo de atracciones constituido por su madre y otros personajes que le rodean, y que le conduce a la creencia de un mundo fabulístico sujeto a hipotéticos sucesos del pasado, el propio filme es una muestra de desequilibrio, con debilidades e ingenuidades insuperables, pero también con toda la fuerza de una expresión apenas constreñida por intereses comerciales o sujeciones estilísticas, siempre al servicio de una inequívoca vocación debeladora de la familia como espacio de poder, en sintonía con algunas de las teorías psicológicas vigentes en el momento y que vinculaban familia y esquizofrenia. El fracaso comercial del filme, propiciado por las críticas recibidas cuando su pase en el Festival de Valladolid, que causó más de dos años de retraso en su estreno —donde llegó a estrenarse—, sólo se vio algo compensado cuando

Chávarri presentó su siguiente filme, *El desencanto* (1976), que no hacía más que verificar documentadamente muchos de los planteamientos esbozados en *Los viajes escolares*. Sin embargo, la indudable personalidad de Chávarri no alcanzará la coherencia del cine de Gutiérrez Aragón o Erice, al discurrir en un permanente pacto entre sus apuestas personales —mal acogidas en taquilla por lo general— y la asunción de encargos de gran éxito comercial y muy escasa creatividad.

A este momento álgido del cine metafórico no podía faltar, obviamente, la aportación del iniciador y mejor estandarte del cine culto de los últimos años: Carlos Saura. Sin duda, *La prima Angélica* (1974) y *Cría cuervos* (1975) son dos obras centrales dentro de su filmografía, aunque se ofrecen con acentos diversos. La primera es un nuevo ajuste de cuentas con el franquismo, referido tanto a sus orígenes —la guerra civil— como a sus consecuencias represivas en la constitución de la personalidad de muchos españoles de clase media intelectualizada, como el protagonista de la película (de nuevo López Vázquez). Pero si bien en el aspecto temático *La prima Angélica* no parece introducir excesivas innovaciones respecto al cine anterior de Saura, que desde *La caza* hasta *Ana y los lobos* no deja de plantear variaciones sobre esa cuestión (con la excepción tal vez de *La madriguera* y *Stress es tres tres*), la resolución argumental del filme sí que plantea elementos innovadores y hasta sorprendentes. Rompiendo la convencionalidad del *flash-back* mediante la utilización del mismo actor para interpretar al personaje central en sus años de niñez y en su adultez, Saura dinamita todo naturalismo y refuerza la idea de un flujo de interacciones entre pasado y presente, una sensación de clausura en la que la Historia (es decir, el tiempo culturizado) se adivina como una trampa insalvable. Evidentemente eso ocurre al amparo de una cierta redundancia o un excesivo subrayado en el mensaje propuesto, pero esa misma inconveniente obviedad repercute en una mayor legibilidad del filme, incluso más allá del círculo habitual de iniciados. Si unimos a ese factor intrínseco el eficaz trabajo sobre un arsenal de símbolos de inmediato reconocimiento, al alcance incluso de las hordas cavernícolas que desataron una intensa campaña de prensa y de atentados contra el filme, contribuidora en último término con su repercusión publicitaria al incremento del valor de cambio de la cinta, se comprenderá cómo *La prima Angélica* fue uno de los mayores éxitos del cine tardofranquista.

Un éxito comercial que además de significar el arranque de una feliz sintonía entre algunos especímenes de ese cine metafórico y el público mayoritario, permitía asentar definitivamente la carrera de Saura, que en su siguiente filme —*Cría cuervos*— saltó a un universo mucho más intimista y personal que, sin renunciar al trasfondo habitual de sus filmes anteriores, se centraba preferentemente en la minuciosa descripción de los efectos de una determinada historia familiar sobre una niña, encarnada por Ana Torrent, la extraordinaria protagonista de *El espíritu de la colmena*. Bien acogido en España, *Cría cuervos* significó sobre todo la irrupción de Saura en algunos circuitos internacionales, tal vez porque las propuestas intimistas de su filme podían rehuir en alguna medida la excesiva concreción geográfica del universo simbólico de obras anteriores.

Esa convergencia entre las preocupaciones expresivas y estilísticas de unos cineastas convencidos del valor cultural del cine y un público predispuesto a asumir unos productos distintos de los consumidos habitualmente, sólo a cambio de un menor hermetismo y de una mayor solvencia narrativa, alcanzó su cumbre con *Furtivos* (1975), de José Luis Borau.

Presentada al público tan sólo dos meses antes de la muerte de Franco, con ocasión de un Festival de San Sebastián que antecedió en una semana a los últimos fusilamientos del franquismo, esta cuarta película de José Luis Borau se ofrecía con una absoluta tersura narrativa. En otra medida muy distinta, ocurría como con *El espíritu de la colmena*, en el sentido de que el simbolismo se ofrecía inmerso en el devenir todo de un filme cuyo contenido narrativo adquiría total autonomía. Es decir, el filme funcionaba perfectamente como un relato realista —dentro de cierta tradición tremendista— en torno a la vida de una madre posesiva e incestuo-

Furtivos (1975), de José Luis Borau

sa y su hijo, cazador furtivo, en el cerrado ambiente del bosque castellano; la llegada de algunos personajes externos —un goberna-
dor civil aficionado a la caza y que tuvo a la madre como ama de
cría o una muchacha evadida de un internado religioso— desata

toda la violencia contenida en unas relaciones de dominio. Más allá de la mera literalidad de un relato áspero, conducido con un tono perfectamente acorde con su planteamiento argumental, nada impedía una tersa interpretación de la vida en ese universo cerrado del bosque, de esa pervivencia de unas estructuras de poder y de una violencia capaz de estallar ante cualquier estímulo entendido como provocación. En la vivencia de un régimen autoritario aún asesino en su descomposición, la experiencia propuesta por una película con grandes deudas a su coguionista —Gutiérrez Aragón— no podía dejar indiferente al espectador, que correspondió con una sustanciosa asistencia a las salas, haciendo justicia por primera y casi única vez a la carrera de uno de los cineastas más coherentes del cine español, aun en sus numerosos fracasos.

Ya en las postrimerías del tardofranquismo encontraríamos todavía otras dos muestras notables del cine metafórico, aunque muy distintas entre sí: *Pascual Duarte* y *El puente*. El primer filme, de Ricardo Franco y producido por Querejeta, se podría situar en una línea próxima al tremendismo de *Furtivos*, tomando aquí sí como punto de partida la obra de Cela que abrió los caminos del tremendismo literario de los años cuarenta, pero sin embargo, la opción estilizada y antinaturalista de Franco se distanciaba diametralmente del filme de Borau. No importaba tanto el cambio de ubicación temporal del relato celiano, como la opción antipsicologista y carente de cualquier concesión espectacular desde la que Franco asumía su personal, pero en absoluto traidora, interpretación de Cela. Por supuesto que esas opciones sí incrementaban el valor simbólico del monstruoso personaje protagonista, que se desviaba de la crónica de sucesos en favor del estudio de las causas sociales de una determinada conducta, en la que una vez más influía decisivamente el contexto familiar.

Lejos de esas posiciones se situaba *El puente*, filme que nos permite cerrar un primer bucle del cine metafórico con una remisión al cineasta que dijimos estaba en su incipiente origen: Juan Antonio Bardem. Dedicado durante más de diez años al cine estrictamente comercial, el autor de *Muerte de un ciclista* retomaba un tema muy afín a sus conocidas posturas políticas que, como militante comunista, le habían llevado varias veces a la cárcel: el proceso de toma de conciencia de un proletario a lo largo de su itinerario hacia la Costa del Sol para pasar un fin de semana «entre suecas» y que le lleva a enrolarse en Comisiones Obreras. Tomando un actor fetiche de la comedia «sexy», como era Alfredo Landa, y no descontextualizándolo de muchas de las características de aquélla, Bardem proponía una parábola tan transparente que tal vez en esa transparencia perdía buena parte de su interés.

Para acabar este repaso excesivamente breve en relación al sustancioso interés de los filmes citados, no estará de más entender cómo más allá de las evidentes diferencias entre los autores y los filmes, todos los filmes de la tendencia metafórica plantean aspectos comunes. Pese a la importancia de figuras como Querejeta, es cierto que este grupo de filmes se diferencia de los subgenéricos —o de la «tercera vía», de la que hablaremos a continuación— en que sobre el modelo de producción se impone la personalidad llamémosle autoral. Frente a unos productos sin pretensiones estéticoculturales y que dan prioridad a la repetición de pautas ya marcadas, a la confianza del espectador en volver a ver lo que ya prevé, en el cine metafórico predomina la voluntad de singularizar cada producto como objeto cultural pleno.

Pero dejando aparte esas diferencias, es interesante destacar los aspectos más unitarios. De entrada, es fácil percibir el tono antifranquista —por activa o por pasiva— de casi todos los filmes, bien por asumir una temática de revisión histórica, bien por una orientación de crítica política más explícita, bien a través del análisis de determinadas instituciones sostenedoras del entramado social e ideológico del franquismo. Con ello ya nos aparecen con toda claridad y en una abundancia irrebatible los dos ámbitos temáticos antes citados: el tiempo y la familia. Historias de familias y reflexiones sobre las implicaciones del tiempo entendido como memoria personal, como clausura en torno a un universo cerrado, siempre condicionadas por formas más o menos abruptas de violencia. Resulta, pues, sintomático el contenido de esas metáforas, su reiterada aproximación al mundo de los demonios y fantasmas familiares de un país que estaba despertando de un largo sueño.

5. El cine de la «tercera vía»

Ni el cine de subgéneros ni el metafórico fueron, en definitiva, aportaciones propias del tardofranquismo, sino que hundían sus raíces en tiempos anteriores. En cambio, la llamada «tercera vía» se constituyó en el perfecto paradigma de la coyuntura sociopolítico-cultural de aquellos años de transición. Pero en realidad, ¿qué era el cine de la «tercera vía»? Ante todo, aclaremos un concepto fundamental: la «tercera vía» debe entenderse como una marca de fábrica de ciertos filmes inventada por un productor avispado y ya veterano —José Luis Dibildos—, pero a su vez, analizando el diseño de producción que los sostenía, podremos apreciar que es generalizable a otros títulos y que, como ya anticipamos, llegará a caracterizar una parte considerable del cine posfranquista.

Según esa última observación, habrá que recordar cómo muy rápidamente algunos despreciaron esta tendencia —se llegó a hablar de «vía muerta»—, con la misma superficialidad y precipitación con la que otros hablaban de «Juan Carlos el breve» en relación a la sucesión posfranquista. Claro que esas simplezas pueden disculparse desde las urgencias tácticas, pero no son de recibo en una perspectiva histórica. Y ello porque la «tercera vía» no era sólo una manera de hacer películas, sino sobre todo la propuesta de una nueva relación con determinados sectores del público; incluso se podría hablar de la invención de un nuevo público. Iremos más lejos: la operación de la «tercera vía» se puede entender hoy como una de las más claras probaturas de lo que será todo el proceso de la transición política.

Como su propia denominación señala, la «tercera vía» pretende instaurar un modelo cinematográfico alternativo a los dos que acabamos de situar —el cine de subgéneros y el cine metafórico— que escape de la zafiedad del primero, capaz de alejar de las salas a un público urbano y en alguna medida cada vez más culto, y que no caiga tampoco en la exquisitez minoritaria del segundo. En busca de esa mayoría de españoles «medios» que poco después votarían a UCD —y luego al PSOE—, los filmes de la «tercera vía» intentaban, pues, estar al alcance de los intereses de esparcimiento y de las preocupaciones del segmento espectatorial que precisamente era capaz de ofrecer una mínima resistencia al hechizo televisivo y estaba dispuesto a salir a la calle para ir al cine. Moderadamente aperturista en los terrenos moral y político, dispuesto a integrar argumentalmente la actualidad inmediata, con una razonable factura formal, poseedor de unos diálogos reconocibles por su cotidianeidad, ajeno a cualquier extremismo ideológico o estético y, fundamentalmente, posibilista hasta la médula, la «tercera vía» prefiguraba el espíritu de pausada y contenida transformación que empezaba a extenderse ante la ineluctabilidad biológica que conducía al fin del franquismo, y que sociológicamente ya venía determinada por las transformaciones del país a lo largo de la década del desarrollismo.

No se trataba, bajo ningún concepto, del resultado de ninguna voluntad rupturista, y ni siquiera las distancias respecto a las tendencias más populistas del cine español del momento era insalvables. El esquema consistente en parodiar las propias frustraciones como exorcismo carente de cualquier intención de profundidad crítica se mantuvo en la mayor parte de unas películas que en realidad siempre se quedaban a medio camino de las propuestas que ellas mismas instauraban como arranque temático y argumental. Sin embargo, a diferencia de la comedia subgenérica —y la parte más reconocible de la «tercera vía» se puede incluir en el género de la comedia—, en estos filmes predominaban los efectos identificatorios sobre la superioridad ridiculizadora de las comedietas al uso. Si nadie se veía tan imbécil como los personajes de Landa o López Vázquez, y por tanto uno podía reírse de ellos desde su supuesta superioridad, los de Sacristán o Fernández funcionaban ya desde una buscada identificación, construyendo un sistema de elementos potenciadores de la inmediata reconocibilidad de los tipos, situaciones, escenarios, etc., por parte del espectador. Entiéndase bien, no hablamos de realismo, sino de identificación entre lo que los filmes aparentaban ofrecer y lo que los espectadores —pertenecientes al segmento señalado— creían o deseaban ser.

Por otra parte, mientras que los protagonistas de las comedietas se veían redimidos de su imbecilidad gracias a la pervivencia de unos valores de fondo, aún absolutamente reaccionarios, que en último término servían de *deus ex-machina* capaz de resolver los enredos formados (la sana vida pueblerina frente a los peligros urbanos, la familia y el sacrosanto matrimonio, etc.), los de la «tercera vía» se ofrecían en toda su vulnerabilidad, en su incertidumbre ante los inevitables cambios sociales en curso; en cierto modo comenzaban a sufrir —y eso se prolongaría al cine de la reforma— los temores inherentes a la constatación de la muerte del «gran padre», el miedo a una orfandad a la vez deseada y temida.

Desde el punto de vista de la construcción narrativa, la comedia de la «tercera vía» tenía como horizonte referencial a la comedia americana, a diferencia de la comedia subgenérica, cuyos posibles modelos (?) se instalarían en los subproductos italianos y sobre todo en algunas deterioradas tradiciones autóctonas populistas (sainete, revista de variedades, etc.). A ello contribuiría decisivamente la formación de los guionistas y directores responsables de los filmes: Garci, Drove, Bodegas, Armiñán, etc., sin duda lejanos de los parámetros cinematográficos de los Lazaga, Ozores, Merino, etc. Y en los casos en que los filmes se apartaban de la comedia, la orientación iba hacia un ahondar en psicologismos tal vez no demasiado sutiles y en formas de poetización sin duda triviales pero efectivas, que otorgaran a los productos esa «dignidad» que a toda costa pretendía ser el elemento determinante del reconocimiento de la «marca de fábrica». Sin embargo, no por ello se abandonaron en muchos casos aspectos tradicionales de la comedia desarrollista que otrora impulsara el propio Dibildos, como era la estructura episódica en simultaneidad, al presentar las andanzas de un grupo de protagonistas entrecruzados, ofreciendo cada uno de ellos la posibilidad de desarrollos argumentales autónomos, de tal forma que se pudieran graduar los efectos deseados en función de la idiosincrasia diversificada de aquéllos.

Como ya dijimos, José Luis Dibildos fue el máximo aunque no único impulsor de la «tercera vía». Si buscamos los precedentes inmediatos, ya encontramos su nombre asociado al de Roberto Bodegas como responsables de *Españolas en París* (1970), habitualmente considerada como el primer arranque de la tendencia. Esa historia de diversas maneras de afrontar la vida parisina por una serie de muchachas españolas dedicadas al servicio doméstico reunía ya muchas de las características luego entronizadas. Se abordaban problemas sociales incluso escabrosos (emigración, desarraigo, aborto, autonomía femenina, confrontación de costumbres y modos de vida, etc.) de una forma suave, sin caer ni en dramatismos exacerbados ni en moralismos a ultranza, aunque se resolviese siempre todo de una manera «conveniente».

La línea Dibildos alcanzaría su máxima expresión con una serie de películas producidas entre 1973 y 1975. Entre ellas se cuentan: *Vida conyugal sana* (1973) y *Los nuevos españoles* (1974), de Roberto Bodegas; *Tocata y fuga de Lolita* (1974) y *Mi mujer es muy decente dentro de lo que cabe* (1974), de Antonio Drove; y *La mujer es cosa de hombres* (1975), de Jesús Yagüe. Hay que resaltar que José Luis Dibildos intervino en el guión de todas ellas, al alimón con José Luis Garci, guionista contratado fijo por el productor y que sólo estuvo ausente de *Tocata y fuga de Lolita*, en la que intervino el director Drove, que sin embargo trabajaría en su segundo filme a partir de un guión en el que también participaron Summers y Chumy Chúmez. Esa presencia —y control— por parte del productor en todos los guiones se convierte en una característica fundamental y significativa de hasta qué punto la operación estaba cuidada en todos sus detalles.

La imagen de homogeneidad de estos productos «tercera vía» se apoyaba también en la presencia repetida de un grupo de intérpretes: José Sacristán, Ana Belén, Paco Algora, María Luisa San José, Antonio Ferrandis, etc., aunque, sin lugar a dudas, Sacristán y San José serían los dos rostros que, al parecer de Dibildos, mejor

Vida conyugal sana (1973), de Roberto Bodegas

Tocata y fuga de Lolita (1974), de Antonio Drove

se identificaban con ese estereotipo del «nuevo español». Pero ni siquiera en un conjunto de filmes tan claramente sometidos a un diseño de producción dado sería posible entender una absoluta uniformidad.

Las dos películas dirigidas por Bodegas toman como eje argumental los temores del españolito/Sacristán ante dos fenómenos muy del momento: la alienación producida por la publicidad televisiva y las resistencias a la implantación de nuevos métodos laborales. En *Vida conyugal sana* se nos presenta a un abogado y ejecutivo treintañero al que la pasión por la televisión conducirá a una forma de neurosis, provocadora de un cambio alternante de personalidad, que influye especialmente en su relación matrimonial; fracasado el tratamiento psiquiátrico, será su bella y paciente esposa quien atinará con una cura... o tal vez todo lo contrario, puesto que el filme pretende un final abierto. Por su parte, *Los nuevos españoles* nos presenta a un grupo de empleados de La Confianza, compañía de seguros, enfrentados a la reconversión laboral que significa su absorción por la multinacional Bruster & Bruster; de una forma más ambigua todavía, no se aclara muy bien si Bodegas-Dibildos abogan por la inevitable adaptación a los nuevos tiempos o sus ironías se dirigen a la defensa de las viejas fórmulas frente a las moderneces.

El enfoque de los dos filmes de Antonio Drove es distinto al de Bodegas, puesto que se sitúan mucho más en la tradición de la comedia sentimental y de enredo, eso sí, repleta de guiños y anotaciones que la hacen muy próxima a las vivencias del sector de público a quien se dirige. *Tocata y fuga de Lolita* se construye sobre los equívocos provocados cuando un maduro candidato a procurador en Cortes (oficio insólito en el cine español) conoce y se enamora de la compañera de piso de su hija recién independizada, en presencia del novio universitario y cinéfilo. Si bien las referencias a las nuevas costumbres juveniles y universitarias, y al trasfondo de la carrera política del protagonista, dan a la película la tradicional textura «tercera vía», lo cierto es que los intereses de Drove y Dibildos tal vez no fueran estrictamente coincidentes, más preocupado el primero —famoso por un corto de éxito: *¿Qué se puede hacer con una chica?*— por el puro mecanismo de la comedia clásica que por las fórmulas de la eficacia que conduzcan al éxito propias del guionista y productor.

Mucho peor fue todavía el caso de *Mi mujer es muy decente dentro de lo que cabe*, en cuyo guión ya no participó el realizador y donde el trabajo de Dibildos, Garci, Summers y Chúmez se aproximaba en exceso a la supuesta «primera vía». En cierto modo, este filme, junto con el aún más inane de Yagüe, significaron el final de la efímera vía Dibildos. Indiscutiblemente más importante por lo que tenía de sintomática que por su valor intrínseco, más allá de sus mismas pretensiones —que obviamente eran de alcance muy corto— nos interesa por lo que tuvo de germen de algunas parcelas del cine posterior, como el propio caso de su guionista principal, José Luis Garci, una vez transformado en director, iba a ejemplificar.

Como ya hemos anticipado, nuestro interés por la «tercera vía» desborda la operación Dibildos, en cuanto que su ideología y pretensiones de reforma cinematográfica son perfectamente asimilables a otros intentos desarrollados en esos años del tardofranquismo. En una perspectiva de comedia, habría que situar en una órbita muy próxima algunos filmes de Manolo Summers, el integrante del «nuevo cine español» que de una forma más ostensible se había pasado a las filas del cine más comercial, empezando una de las más largas y patéticas decadencias del cine español contemporáneo (aunque en su momento *Del rosa al amarillo* tal vez prefigurase algunos principios «tercera vía»). A partir del éxito de *Adiós, cigüeña, adiós* (1970), uno de los primeros filmes que abordó —con todas las trampas imaginables— el tema de la educación e iniciación sexual, Summers se especializó en la explotación de tal filón con *El niño es nuestro* (1972), *Ya soy mujer* (1974) y *Mi primer pecado* (1976), filmes que no hacían otra cosa que hablar de las propias frustraciones de la época en que el cineasta fue joven e insertar unos chistes de progresiva poca gracia. Asimilable a esa técnica, aunque con un mayor tono «poético», se situaría *Yo la vi primero* (1974), donde Fernán-Gómez dirigía un guión del mismo Summers, también protagonista del filme.

Mucho más interesante es abordar la dimensión dramática —aunque siempre acompañada por algún leve toque humorístico capaz de restituir la idea de tragicómico-como-la-vida-misma— de la «tercera vía». Aquí la figura central sería —sin duda— la de Jaime de Armiñán, llegado al cine tras una larga e intensa carrera plena de éxito como guionista televisivo y cinematográfico. El origen lo podríamos remontar a un sensible filme producido por José Luis Borau, *Mi querida señorita* (1971), que aprovecha el arriesgado tema de un cambio de sexo para proponer una reflexión sobre las condiciones de vida de la mujer de clase media en la sociedad española del momento. La segunda muestra llegaría —ahora con Juan Tébar como coguionista y de nuevo con la participación de López Vázquez— con *Un casto varón español* (1973), en que se nos presentaba a un reprimido solterón que descubre el oficio de su madre como *madame* en un prostíbulo de un pueblecito costero con motivo de su muerte y al tomar posesión de su negocio, siendo prohijado por sus cuatro pupilas.

Tras esas dos aproximaciones al mundo de la represión sexual y de la dificultad de ser adulto, Armiñán propuso uno de los más emblemáticos títulos del tardofranquismo: *El amor del capitán Brando* (1974). Aunando elementos propios del cine del destape —el leve exhibicionismo de Ana Belén, la maestra protagonista—, con el consabido tema de la iniciación sexual de un muchacho enamorado de la maestra en clave «tercera vía», y con una reflexión histórico-política a través de las relaciones de ella con un viejo republicano exilado que ha retornado al pueblo castellano donde transcurren los hechos, este filme no deja de aproximarse a la vía metafórica en su voluntad de presentar un panorama de la sociedad española del momento a través de tres generaciones distintas que se entrecruzan. Significativo sobre todo por la medida intención de romper moderadamente algunos tabús de lo decible en el cine español inmediatamente anterior, *El amor del capitán Brando* se situaba en uno de los límites del posibilismo al entrecruzar política, historia, actualidad y sexo. Esa línea de reflexión históricogeneracional iniciada por Armiñán con este filme, tendría su continuidad con *¡Jo, papá!* (1975), el recorrido de una familia por los que fueron escenarios bélicos del padre y a través del cual se plantea el abismo generacional.

En territorios afines todavía a la «tercera vía» habría que situar algunos filmes dramáticos. El tema de la represión y frustración conducentes al repliegue hacia el sexo privado estaba presente en *No es bueno que el hombre esté solo* (1973), de Pedro Olea, variación sobre las relaciones entre un hombre acomplejado y una muñeca de tamaño natural. Pero así como en ese filme Olea no superaría la mera voluntad profesional de cumplir un encargo, un filme posterior, *Pim, pam, pum... fuego* (1975), iba a desempeñar un papel muy distinto. En cierto modo, esta película significaba la aproximación a algunos de los postulados de la «tercera vía» por parte de un productor, José Frade, tradicionalmente vinculado al cine más comercial, tal vez de mayor ambición que el subgenérico pero sin más; pero el filme de Olea, presentado con *Furtivos* en el Festival de San Sebastián de 1975, por tanto a punto del tránsito biológico del franquismo, iba a significar una superación de aquellos postulados en diversos frentes.

Frente a las melifluas referencias en clave de recuerdo de los filmes de Armiñán, Olea —con la inapreciable ayuda de Rafel Azcona en el guión, no lo olvidemos— afrontó la ficción histórica sin ninguna coartada metafórica, con todo el realismo que el franquismo moribundo podía tolerar en su propia representación. Porque sin ninguna vacilación, *Pim, pam, pum... fuego* ofrecía una historia de la posguerra española —no solamente «ambientada» en ella—, con la imagen de los perdedores explotados por los triunfadores y resignados a su triste suerte, de la corrupción ambiental, de la prepotencia más allá de la ley y la moral... El triángulo entre una corista, su amante —un poderoso estraperlista— y su verdadero amor, un maquis en fuga, terminado en tragedia con la nueva derrota de los vencidos, ofrecía un tono triste, indignado y comprometido, muy alejado de los cálculos y ambigüedades de la «tercera vía». Por otra parte, este filme significaba el comienzo de la

Pim, pam, pum... ¡fuego! (1975), de Pedro Olea

recuperación fílmica de la memoria, de la que hablaremos unas páginas más adelante, de tal forma que si *El amor del capitán Brando* planteaba el límite de la «tercera vía» desde acá, el filme de Olea ya se abalanzaba sobre las nuevas posibilidades de los tiempos por venir.

Sobre la ficción histórica contaminada aún por elementos derivados de la «tercera vía», con títulos tan significativos como *Las largas vacaciones del 36* (1976), de Jaime Camino, o *Retrato de familia* (1976), volveremos más adelante, puesto que ya prefigura el cine histórico de la reforma, pero antes de acabar este apartado debemos prestar atención a otras dos derivaciones de la tendencia. Una es muy rápida y evidente: la convergencia entre los parámetros recién descritos y la tradición del cine literario, resurgida con fuerza en esa parte central de la década de los setenta. Mientras que una parte de ese retorno a la literatura pudo venir impulsada por el éxito de las adaptaciones eróticas de Pasolini —véase *El libro del buen amor* (1974), de Tomás Aznar, *El buscón* (1974), de Luciano Berriatúa, o *La lozana andaluza* (1976), de Vicente Escrivá—, la segunda opción estuvo marcada por la puja en favor de las máximas dosis de permisividad con el amparo de ciertos clásicos de la novelística nacional. Tal como ya ocurriera en los años cuarenta, las obras seleccionadas —entre la producción decimonónica— tenían una especial predilección por centrarse en las relaciones ilícitas de algún sacerdote, si bien ahora los autores habían cambiado: de Alarcón, Palacio Valdés y el padre Coloma, se pasaba a Galdós, Clarín o Valera. Se trató de filmes como *Tormento* (1974), de Pedro Olea, *La regenta* (1974), de Gonzalo Suárez, *Pepita Jiménez* (1975), de Rafael Moreno Alba, etc., que seguían los pasos de antecedentes inmediatos remontables a *Fortunata y Jacinta* (1969), de Angelino Fons, y *Tristana* (1970), de Luis Buñuel. El tono caligráfico e incluso gruesos errores de producción lastran esos filmes que, en el mejor de los casos —*Tormento*—, alcanzan alguna dosis de caligrafismo, y en el peor —*La regenta*— destrozan una obra básica de nuestro patrimonio literario.

En una área limítrofe todavía con la «tercera vía» aparecen algunos filmes, en los últimos momentos del tardofranquismo, cuya consideración se hace compleja. Tránsfugas de una «tercera vía» que ya ha dado todo lo que podía dar de sí, como Bodegas, Drove u Olea, cuyos respectivos filmes se nos aparecen tan indecisos como *Libertad provisional* (1976) —con guión de Juan Marsé—, *Noso-*

tros que fuimos tan felices (1976) y *La Corea* (1976), respectivamente, y a los que se puede unir la adaptación *Emilia, parada y fonda* (1976), de Angelino Fons, a partir de un relato de Martín Gaite. No carentes de elementos de interés, como la vinculación entre sexo y explotación en el filme de Bodegas; la nueva aproximación a los modelos de la comedia sentimental americana de Drove; o la sensibilidad con que Fons aborda la historia de esa fallida fuga de una mujer que empieza a tomar conciencia de su *status*, esos filmes son víctimas de unos momentos de aceleración histórica, ya que estando pensados bajo las antiguas condiciones —de censura y autocensura— se van a enfrentar en su carrera comercial con unas condiciones de recepción ya distintas. El tardofranquismo está dando paso aceleradamente a una nueva fase: la reforma democrática.

III
LA REFORMA CINEMATOGRÁFICA

El 15 de diciembre de 1976, un referéndum aprobaba el proyecto de reforma política planteado por el gobierno presidido por Adolfo Suárez. Con ello empezaba la segunda fase de la transición hacia la democracia que iba a culminar, en primera instancia, con la aprobación el 6 de diciembre de 1978 de la Constitución, aunque para muchos no lo haría hasta que —superado el golpe militar del 23 de febrero de 1981— se produjese la alternancia en el poder entre un atípico partido como la UCD, impregnado por las maneras y los hombres del inmediato posfranquismo, y otro de acrisolada tradición democrática como era el PSOE, como consecuencia de las elecciones de octubre de 1982. Este segmento cronológico es, pues, lo que nosotros entenderemos como el concernido por la reforma política.

La primera y obvia cuestión a plantearse es la de si existe una equivalencia respecto a una posible «reforma cinematográfica»; y en segundo lugar, caso de una respuesta afirmativa, sentar algunas de sus bases esenciales. Otras cuestiones complementarias podrían ser, por ejemplo, la hipotética resonancia cinematográfica de las posturas rupturistas, fracasadas finalmente ante el modelo reformista, y sobre todo si el sentido tomado por esa reforma respondía a un diseño propio o era simple consecuencia de las determinaciones tomadas en la política general.

En breve: sí que debemos aceptar la existencia de una «reforma cinematográfica», pero al mismo tiempo no debe entenderse desde una perspectiva afirmativa; es decir, la reforma consistió sobre todo en el derrumbe controlado del aparato del cine franquista en su dimensión oficial, que no en su sustancia. Se trataba de eliminar aquellos aspectos de la administración cinematográfica que resultaban obviamente incompatibles con un estado de derecho, pero siendo muy cuidadosos en no extender ese derrumbe hacia las bases reales de la actividad cinematográfica española, esto es, los sectores de distribución y exhibición más directamente vinculados con las multinacionales, así como de alcanzar la definitiva implantación del control de la producción desde la política de protección, aun aceptando cierta movilidad —e incluso fisuras ideológicas— en ese sector, puesto que a la postre se mantenía la connivencia entre los poderes del Estado y los poderes fundamentales de la industria. Si se quiere un ejemplo, bastaría pensar en la figura de un director general de cinematografía como Marciano de la Fuente, directamente vinculado a una empresa como Suevia Films y posteriormente a la ADICAN, la asociación que reúne a las principales distribuidoras sucursales de las multinacionales americanas.

El derrumbe del aparato cinematográfico franquista tuvo tres aspectos centrales. Dos de ellos muy llamativos desde la perspectiva del público: la eliminación de la censura y la desaparición del NODO. El tercero tal vez fue menos aparente, pero resultaba crucial en la necesaria remodelación de la industria cinematográfica española: el desmontaje del aparato sindical verticalista en su ámbito cinematográfico. Como los realmente trascendentes fueron el fin de la censura y del poder sindical establecido, despacharemos con rapidez la cuestión del NODO.

Creado en 1942 dentro de la estructura oficial del cine español, bajo la influencia de los modelos nazi y fascista (UFA y LUCE), el Noticiario Cinematográfico Español NO-DO había gozado de dos prebendas esenciales y decisivas: la exclusividad de la información cinematográfica y la obligatoriedad de proyección en las salas de exhibición españolas. Con ello no sólo se controló el acceso a la información —de todo tipo— a través del cine, en tiempos en que todavía no había televisión, sino que se crearon consecuencias subsidiarias importantes, como fue la no consolidación de un mercado para el cortometraje, con los lastres que ello representara para las posibilidades industriales del sector y para el proceso de formación de nuevos cineastas. Pese a su evidente obsolescencia, a mediados de los años setenta aún se mantenían las dos prebendas del NODO, de tal forma que planteamientos informativos alternativos como el del *Noticiari de Barcelona*, cuya primera entrega se estrenó en diez salas barcelonesas el 27 de abril de 1977, nacieron en la ilegalidad.

La desaparición del NODO tuvo, sin embargo, dos fases: en la primera se llegó a suprimir su exclusividad y obligatoriedad, en la confianza de que el bajo precio de alquiler con que se ofrecía —gracias al considerable número de copias en circulación— le haría predominar sobre cualquier posible competencia. Sin embargo, carente de interés intrínseco, el alquiler del NODO descendió vertiginosamente, generando rápidamente más de cien millones de deuda. Ahí se sentenció la existencia de ese vestigio franquista, que fue suprimido definitivamente por el decreto ley 1075 de mayo de 1978. La única cuestión que quedó pendiente fue el depósito del importante archivo de material filmado que poseía esa institución. Tras un fallido proyecto de crear un llamado Centro Español de Cinematografía, que reuniría la Filmoteca Española, el NODO, la Escuela de Cine y un equivalente de Uniespaña, finalmente el material del NODO pasaría a la tutela de TVE.

1. El fin de la censura

Aquella censura que habíamos visto remodelar tímidamente con las nuevas normas de febrero de 1975 destinadas a consagrar la apertura del «destape» comenzó a desaparecer tan solo un año después, cuando en febrero de 1976 fue suprimida la censura previa de guiones, creando el previsible desconcierto entre unos productores que debían afrontar la realización del filme a expensas de que una vez acabado no fuese autorizado. Por supuesto que esa situación se hacía insostenible y sólo podía mantenerse en una fase de transición, en la cual de nuevo la arbitrariedad iba a ser la tónica dominante. En verdad, hasta la aprobación el 11 de noviembre de 1977 del decreto 3071, la censura cinematográfica no desapareció de forma oficial del corpus legislativo español; pero empíricamente, los meses anteriores ya contemplaron una serie de acciones significativas en la línea de abrir los diques restrictivos.

Pese a que, como ya habíamos señalado, el año 1976 aún contempló numerosos desaguisados provocados por la censura, la sustitución de Alfonso Martín Gamero —ministro de Información y Turismo del último gobierno de Arias Navarro— por el reaparecido Pío Cabanillas en el primer gobierno Suárez, en verano de ese año, significó la implantación de una significativa tolerancia. El estreno en septiembre de *Canciones para después de una guerra*, el filme de Basilio Martín Patino prohibido en 1972 con intervención del entorno del propio almirante Carrero Blanco, fue un primer hito significativo, confirmado por un hecho realmente simbólico: en abril de 1977, el día de Sábado Santo, fue estrenada la más famosa de las películas españolas prohibidas, *Viridiana* (1961), de Luis Buñuel, coincidiendo con la legalización del Partido Comunista de España ese mismo día. En otro sentido, a lo largo de 1977 ya fueron apareciendo en las pantallas españolas numerosos filmes extranjeros prohibidos hasta entonces, con títulos como *La escalera* (Starcaise, 1969), de Donen; *If...* (If..., 1968), de Lindsay Anderson; *Madre Juana de los Ángeles* (Matka Joanna od Aniolow, 1961), de Jerzy Kawalerovicz; *Sacco y Vanzetti* (Sacco e Vanzetti, 1970), de Montaldo; *Portero de noche* (Portiere di notte, 1973), de Cavani; *La guerra ha terminado* (La guerre est finie, 1966), de Resnais; *Conocimiento carnal* (Carnal Knowledge, 1971), de Nichols; *Tamaño natural* (Grandeur nature, 1973), de Berlanga; *El rito* (Riterna, 1968), de Bergman; *More* (1968), de Schroeder; *El acorazado Potemkin* (Bronenosets Potemkin, 1925), de Eisenstein; o *El último tango en París* (Last Tango in Paris, 1972), de Bertolucci. No faltaron algunas cortapisas en esos estrenos, puesto que, por ejemplo, fue común la práctica de estrenar esos filmes primero en versión subtitulada y por tanto para circuitos minoritarios, antes de aparecer doblados en las pantallas.

Esta llegada masiva de esperados filmes extranjeros no dejó de repercutir en la exhibición de cine español, no sólo por los diversos morbos (políticos, sexuales, religiosos, etc.) que suscitaban tales estrenos, sino porque evidentemente incluso aquellos filmes españoles que ya se iban a beneficiar de la liquidación de la censura necesitaban cierto tiempo para estar disponibles, y los rodados bajo el condicionamiento censor quedaban irremediablemente *démodés*.

No obstante, las ventajas derivadas del decreto de noviembre de 1977 para el cine español no se limitaban a la desaparición de la censura y con ella de sus órganos, como era la Junta de Censura y Apreciación de Películas, sino también a la supresión de los permisos de rodaje, sustituidos por la mera notificación del comienzo del rodaje y algunos otros datos con un plazo de al menos quince días antes del comienzo del rodaje, salvo en los casos de las películas extranjeras y las coproducciones rodadas en territorio español.

La desaparición legal y formal de la censura no significó, sin embargo, que el período de la reforma fuese la apoteosis de la libertad de expresión cinematográfica. Fuera del aparato estatal, hay que recordar las acciones emprendidas por los grupos ultraderechistas contra determinados títulos para ellos inconvenientes: las amenazas contra *Camada negra* (1977), de Gutiérrez Aragón; una bomba en un cine de Alcoi contra *La portentosa vida del padre Vicente* (1978), de Carles Mira; los problemas de algunos cines que pretendían exhibir *La vieja memoria* (1977), de Jaime Camino; los ataques contra los cines que exhibían *Operación Ogro* (1979), de Gillo Pontecorvo, y *Dolores* (1981), de José Luis García Sánchez y Andrés Linares; etc.

Pero dentro del aparato estatal, también surgieron diversas formas de restricción en la circulación de los filmes españoles. De entrada porque el Estado se reservaba ciertas formas de intervención restrictiva en la circulación de aquellos filmes que pudiera considerar atentatorios contra la legalidad vigente; para ello cabía la posibilidad de denuncia a la justicia por parte del propio gobierno según las normas derivadas de un Código Penal que, evidentemente, seguía siendo el del franquismo. Por otra parte, las clasificaciones de los filmes según criterios morales no habían desaparecido del todo, como ejemplificaba la creación de una categoría como la «S», destinada a aquellos filmes que «...por su temática o contenido puedan herir la sensibilidad del espectador medio». E incluso la propia protección económica tendría una función restrictiva en algunos casos.

Ejemplos de todo eso no faltarían en el período 1977-1982: la consideración de lo exacerbado de los aspectos sexuales y violentos de filmes como *Saló o los 120 días de Sodoma* (Salò, 1975), de Pasolini, o *El imperio de los sentidos* (Ai no Corrida, 1976), de Oshima, les condujo a la calificación «S» habitualmente destinada a filmes de tipo *soft-core*, como *Emmanuelle* (1974), de Jaeckin, primer filme extranjero estrenado dentro de esta categoría en enero de 1978. Por otra parte, el caso de *El proceso de Burgos* (1979), de Imanol Uribe, sería el más ejemplar en cuanto a la retirada de protección oficial con la excusa de que estaba constituido por material documental, cuando en realidad se repudiaba el afrontar un tema tan incómodo como la actividad etarra en tiempos del franquismo. Algo semejante ocurriría en las postrimerías del período con *Después de...* (1981), de Cecilia Bartolomé, un filme de montaje sobre las vivencias de la transición, con un tono entre crítico y desencantado.

Pero, sin duda, los problemas más graves que afectaron a la libertad de circulación de ciertos filmes en ese período vendrían dados por la práctica del secuestro judicial, bien por intervención denunciadora del gobierno, bien por la acción privada. Los primeros casos tuvieron como objeto sendos *noticiaris* de Barcelona. El primero fue el número 15, precisamente intitulado *Per la llibertat d'expressió*, dirigido por Antoni Ribas y dedicado a la campaña derivada de la detención de los miembros de la compañía teatral de Els Joglars como consecuencia del montaje de la obra *La torna*, asunto que ya había provocado una huelga total de los cines de Barcelona el 22 de diciembre de 1977. El segundo secuestro judicial, en marzo de 1978, por intervención del ministerio fiscal, correspondió al *noticiari* número 18, *Les presons: la COPEL,* dirigido por Francesc Bellmunt, entendido como una apología de una organización clandestina. El cine extranjero también tuvo su ocasión, como testimonió el secuestro judicial del *Saló* de Pasolini, con motivo de su presentación en la Semana de Cine de Barcelona, en octubre de 1978.

Sin lugar a discusión, el caso más grave en este terreno fue el que afectó a *El crimen de Cuenca*, filme producido por Alfredo Matas y dirigido por Pilar Miró. Centrado en un suceso judicial auténtico —la condena, tras tortura en los interrogatorios, de un par de campesinos por un crimen que no habían cometido y cuya inocencia se reveló al reaparecer el supuesto asesinado— acaecido en la segunda década de nuestro siglo, el filme de la Miró ofrecía una dura crítica de la connivencia entre el caciquismo rural y la Guardia Civil. La película iba a preestrenarse en el cine Proyecciones de Madrid el día 13 de diciembre de 1979, ya con los temores de la productora, conocedora de que en principio la comisión de calificación preveía limitarla a la categoría «S». Una denuncia del ministerio fiscal —es decir, de la propia administración— que había visto el filme dos días antes, motivó el secuestro judicial, que no sólo impidió su proyección, sino la paralización de la concesión de una licencia de exhibición. Algún tiempo después, el 21 de enero de 1980, se produjo la inhibición de la justicia civil en favor de la jurisdicción militar, dado que los cargos contra la película estaban referidos a unas posibles ofensas a una institución militar como era la Guardia Civil. Nuevamente visionada por la fiscalía militar el 24 de ese mismo mes, siete días después fue ordenado el secuestro del negativo y las copias existentes, así como el enjuiciamiento de la directora por «injurias» a instituciones armadas.

La resolución «pacífica» de la enrevesada situación llegó a través de un cambio legislativo, según el cual las causas que afectaban a civiles dejaban de interesar a la justicia militar. Como consecuencia de ello, el proceso de Pilar fue declarado sin efectos con fecha del 3 de marzo de 1981, ocho días después del fallido golpe del 23 de febrero, mientras que el filme era autorizado —con una calificación de restringido a menores de 18 años— el día 26 de junio de 1981 y estrenado el siguiente verano con un gran éxito comercial, fruto posiblemente de la inesperada publicidad lograda, hasta el punto de convertirse en el filme más taquillero del año.

El crimen de Cuenca (1979), de Pilar Miró.

El último ejemplo significativo del lento andar hacia la supresión de cualquier censura afectó a *Rocío* (1980), un documental de Fernando Ruiz sobre la famosa romería, que intentaba situarla críticamente en su contexto sociopolítico. Denunciada en los tribunales por un particular que creía verse afectado por injurias, en relación a las acusaciones vertidas contra él por su implicación en la cruenta represión franquista al comienzo de la guerra civil, fue secuestrada judicialmente y no obtuvo la posibilidad de estreno hasta que fueron cortados aquellos planos que habían dado lugar a la demanda.

Ni que decir tiene que la progresiva desaparición de las formas institucionalizadas de censura nunca ha significado la absoluta desaparición de cualquier limitación expresiva: simplemente la homologación a los países en los que esa libertad de expresión queda vinculada al ordenamiento jurídico ordinario —es decir, al Código Penal— y sobre todo se delega en las múltiples formas de censura económica y estética.

2. La transformación sindical

Cuando al principio caracterizábamos brevemente los aspectos esenciales del cine del franquismo ya quedó claro que uno de sus pilares fundamentales era el aparato sindical, integrado dentro del conjunto verticalista, herencia del corporativismo fascista que había servido de modelo a la organización del régimen de Franco. Dentro del sindicato vertical, estructurado por áreas de actividad, el cine estaba comprendido dentro de un dispar Sindicato Nacional del Espectáculo, que ejercía un severo control de la industria cinematográfica a través de los créditos sindicales, la afiliación forzosa, el visado de contratos, el establecimiento de los escalafones para el ascenso dentro de las profesiones técnicas, salvo en el caso de los licenciados en la Escuela de Cine (EOC), etc.

Dentro de esa organización sindical que agrupaba tanto empresarios como trabajadores, frente al concepto del sindicato de clase, aparecían dos organismos de sensible importancia dentro de la estructura industrial cinematográfica española: la ASPC y la ASDREC. La primera, Agrupación Sindical de Productores Cinematográficos, tenía, dentro de lo posible, una clara proximidad con lo que podría ser la patronal del sector producción; la segunda, Asociación Sindical de Directores Realizadores Españoles de Cine, era un ente más extraño, puesto que si bien no dejaba de reunir a una serie de trabajadores las más de las veces por cuenta ajena, su específica función entre las labores de producción les situaba a medio camino entre el capital y los trabajadores sin capacidad de decisión sobre la idiosincrasia de los productos elaborados; esa capacidad de intervención y decisión aplicada al ámbito cinematográfico se veía revestida de alguna manera por la idea de «artisticidad», puesto que a la labor del director se asociaba el componente creativo de la actividad cinematográfica. Pero al mismo tiempo, la ASDREC no era un foro de creadores, sino que tenía una función burocrática y controladora del acceso a la función de dirección que en algunos casos del pasado más o menos reciente habían significado serios impedimentos para quienes querían firmar su trabajo directivo sin haber pasado por los escalafones profesionales o por la EOC (caso, por ejemplo, del primer filme de Vicente Aranda).

Cuando el primer gobierno Suárez presentó la Ley de Asociación Sindical, el primero de abril de 1977, que convertía el monstruoso edificio sindical verticalista en una simple Administración de Servicios Socioprofesionales, como primer paso para su absoluto desmembramiento en favor de la legalización de los sindicatos de clase y las organizaciones patronales, la oleada del cambio también llegó al universo sindical cinematográfico. La transición no fue, sin embargo, sencilla, sino que se vio jalonada de numerosos incidentes, importantes sin embargo para entender los procesos de remodelación internos de la industria audiovisual española.

Los últimos tiempos de la ASDREC habían sido notablemente conflictivos, con unas elecciones fraudulentas en las que había sido derrotado el durante bastantes años presidente, Juan Antonio Bardem. Sin que la actividad de ese notorio militante comunista hubiese estado carente de sombras, la elección del franquista César Fernández Ardavín como presidente ayudó al definitivo desprestigio de la organización, definitivamente encaminada a su liquidación, la cual no dejó de estar marcada por una severa discusión en relación al patrimonio acumulado. Posteriormente, el sector de dirección daría lugar a la aparición de diversos organismos, muchas veces a medio camino entre los planteamientos gremiales y sindicales —más o menos reivindicativos— y los de grupo de presión dentro del aparato industrial cinematográfico. Tal sería el caso de una asociación como ADIRCE (Asociación de Directores y Realizadores de Cine Españoles) o el Col·legi de Directors de Catalunya, nacido en enero de 1985, mientras que en la segunda mitad de los ochenta aparecería otro organismo autodenominado Academia de las Artes y las Ciencias Cinematográficas, como pálido reflejo especular de la Academia hollywoodiense, que nunca ha concretado la razón de su función más allá de otorgar unos siempre discutidos premios bautizados como «goyas».

Otros sectores de la industria vinieron a reconstituirse con la liquidación del sindicato vertical. De una parte, la clandestina presencia de los sindicatos mayoritarios se fue aclarando en la nueva situación, con diferentes grados de incidencia. Así, se dice que, por ejemplo, en Barcelona, Comisiones Obreras (CCOO) tomó cierta preponderancia entre actores y técnicos, la Unión General de Trabajadores (UGT) entre los eléctricos, la Confederación Nacional del Trabajo (CNT) fue mayoritaria entre los trabajadores de las salas de exhibición, e incluso la Confederación Sindical Unitaria de Trabajadores (CSUT) obtuvo una apreciable presencia entre los trabajadores de los laboratorios. También aparecieron otras asociaciones profesionales al margen de esos sindicatos, a veces acusadas de amarillismo, como la ADA (Asociación de Actores) o sobre todo la TACE (Técnicos Asociados Cinematográficos Españoles).

De todas formas, mayor incidencia en la marcha de la industria cinematográfica tendría posiblemente la remodelación patronal. Por un lado, la antigua Agrupación Nacional de Empresarios de la Exhibición Cinematográfica se transformaba en la Federación de Entidades de Empresarios de Cine de España; por otro, se mantenían algunas de las organizaciones de distribuidores, claramente separadas entre las de «militancia» multinacional —reunidas primero en ADICAN (Asociación de Distribuidoras Cinematográficas de Ámbito Nacional) y luego en FEDICINE (Federación de Distribuidoras Cinematográficas)—, con un enorme poder de presión y auténticas interlocutoras del Estado en nombre de los intereses norteamericanos, y otras que recogían a los distribuidores nacionales, tanto en el nivel estatal como en el de las nacionalidades.

Por su solidez estructural, las asociaciones patronales recién citadas no estaban sujetas a excesivos sobresaltos. No ocurrió lo mismo, ni mucho menos, en un sector patronal como el de la producción, cuya dependencia de los otros sectores y del Estado, así como de su mismo carácter minifundista y su carencia de solidez económica, empresarial y organizativa, derivó en multitud de peripecias. Sin ánimo de recorrer pormenorizadamente el complejo recorrido de las asociaciones de productores cinematográficos españolas, es necesario recordar los momentos más significativos, por su indudable incidencia en la marcha de la producción nacional, pero sobre todo por su valor sintomático y su carácter de interlocutores con el Estado en la lenta definición y usufructo de una política cinematográfica.

El 27 de septiembre de 1977 se liquidaba la ASPC (Agrupación Sindical de Productores Cinematográficos), organismo verticalista, no sin antes producirse trifulcas aún más duras que en la AS-DREC. Ya desde 1975 estaban recurridas por González Sinde y Juan Miguel Lamet las últimas elecciones a la presidencia de la ASPC, que habían significado una maniobra de José Frade para ocupar el poder. Paralelamente, el propio Frade estaba presidiendo —acompañado por Vicente Escrivá como vicepresidente— la nueva AIP-CE (Asociación Independiente de Productores Cinematográficos Españoles), formada en abril de 1977, y en Cataluña nacía la ACPC (Agrupación Catalana de Productores Cinematográficos), bajo el impulso de Forn, Pérez Giner, Aranda, Comerón, etc.

La AIPCE nació aquejada de una relativa representatividad, aspecto esencial en la perspectiva de ofrecer un interlocutor válido a la administración de cara a la necesaria política cinematográfica, ·que parecía debía pasar por una ley de cine. En aquélla estaban ausentes prácticamente los productores más independientes y prestigiosos del cine español del momento (Borau, Piedra, Querejeta, Megino...), lo cual, unido al evidente fracaso de la AIPCE en temas como el cobro de la deuda estatal con el sector, la firma de un convenio sindical y el polémico proyecto de creación de un *holding* de distribución del cine español, además de la continuación de las polémicas públicas entre Frade y Lamet, significó que partes del sector buscasen otras formas de agrupación. Así en mayo de 1978 nació el CPI (Círculo de Productores Independientes), que pretendía reunir a aquellos productores absolutamente desvinculados de la distribución y exhibición, pero que no consiguió cuajar. Mucho más sólida fue la UPCE (Unión de Productores Cinematográficos Españoles), constituida en enero de 1979, con nombres tan variopintos y sustanciales en la profesión como Gómez Maesso, Gerardo Trueba, Lara Polop, Cunillés, Forqué, Borau, Fernández Cid, Esteban Lasala, Sámano, Porto, Querejeta, Megino o Lamet.

Tras unos breves años de cierta estabilidad, con la AIPCE y la UPCE como asociaciones nacionales más fuertes, en enero de 1982 hubo nuevos movimientos, cuando una parte de la AIPCE se escindió, creando la PCA (Productores Cinematográficos Asociados), arrastrando entre otros a Cuevas, Escrivá, Escobedo, Tusell y Summers. La réplica de la AIPCE, siempre con Frade —y ahora Dibildos— como hombre fuerte consistió en la captación de varios miembros destacados de la UPCE, como Querejeta, Megino, Colomo y Sámano, dando lugar a la transformación de la AIPCE en la APC (Asociación de Productores Cinematográficos). La sopa de siglas no había acabado aún, puesto que ese mismo 1982 se creaba la APCE (Asociación de Productores Cinematográficos Españoles), con Galvarriato, Comas, Salvador y Platard; y aún en marzo de 1984 se producía la fusión entre la UPCE y la PCA, surgiendo la UPCT (Unión de Productores de Cine y Televisión), que se unía al grupo de asociaciones que en enero se había visto enriquecido por la ECEE-AIPCV (Asociación Independiente de Productores Cinematográficos Vascos)...

Evidentemente, no aspiramos a que el amable lector haya memorizado el significado y los integrantes de cada sigla o haya podido seguir el intrincado recorrido seguido por nuestros productores en su afán asociativo. Tampoco importa mucho ese detalle, sino que lo sustancial es entender el continuo movimiento de remodelación del sector, siempre en busca de la mayor representatividad e incidencia posibles de cara a constituirse en interlocutor preferente de la administración y de las representaciones de los restantes sectores industriales. Mucho más sujetos a las oscilaciones políticas y a las coyunturas económicas, para los productores sus asociaciones están mucho más cerca del carácter de plataforma para la reivindicación de ayudas estatales que no como estricta patronal respecto a sus trabajadores contratados.

A lo largo de todo ese tiempo, y también a partir de 1982 por otra parte, no faltó la conflictividad entre los sectores patronales y laborales de la industria cinematográfica. Cabría reseñar las diversas huelgas desarrolladas, entre otras cosas porque desde 1972 ha sido imposible llegar a la firma de un convenio colectivo de esa industria, habiendo tan sólo acuerdos con determinados sectores. Por otra parte, esa conflictividad laboral (huelgas de trabajadores de salas de exhibición vizcaínos en marzo de 1978 y años después en Madrid, de actores contra RTVE en junio de 1988, de actores de doblaje en junio de 1990, etc.) estuvo en algún caso marcada por otro tipo de connotaciones, como pudiera ser la competencia por ciertas cuotas del mercado, tal como posiblemente ocurriera con la huelga de trabajadores de laboratorios, que en enero de 1979 duró 42 días y afectó a 700 trabajadores, donde algunos vieron un intento por parte de Fotofilm (vinculada a la Kodak y a la Warner) de hundir el *status* establecido en una maniobra monopolística.

La propia producción cinematográfica no dejó de verse afectada por esa conflictividad; sirvan de ejemplo los casos de *Las truchas* (1977), de José Luis García Sánchez, y *La verdad sobre el caso Savolta* (1978), de Antonio Drove. En el primero se manifestó la tentación sindicalista de mantener determinadas prebendas de la época verticalista, como por ejemplo el control de la contratación, exigiendo la afiliación sindical del 90 % del equipo, cuando en el filme de García Sánchez se daba una notable abundancia de contratados sin carnet. Ese problema se unía al de las «plantillas mínimas» y el «doble empleo» de los miembros del equipo, aspectos que obviamente reducían el número de trabajadores en los rodajes y que se convirtieron en el caballo de batalla en las relaciones entre los directores y los representantes sindicales.

En la película de Drove se dio una situación contraria: gracias a la intervención sindical se pudo acabar, mal que bien, un filme que parecía condenado cuando menos a la más absoluta deformación. El 29 de abril de 1978 la productora Domingo Pedret P.C. suspendió el rodaje del filme tras ocho semanas y con más de 28.000 metros de negativo impresionados, sobre un total estimado de 35.000, que equivalían a una hora y cuarenta minutos de material en principio válido; esa suspensión estuvo unida a la despedida del equipo, comenzando por el director Drove. Exactamente un mes después se reanudaba el rodaje con Diego Santillán como director; sin embargo, el informe de CCOO a la UGT y la CNT y la constitución de una asamblea intersindical consiguió interrumpir ese nuevo rodaje y exigir un careo entre Drove y el productor ejecutivo, Andrés Vicente Gómez, futuro líder de la producción española bajo el gobierno del PSOE y que ya había tenido serios problemas en producciones anteriores como *La loba y la paloma*, *La viuda andaluza*, *Al otro lado del viento*, *El cielo se cae*, etc., y al cual los sindicatos responsabilizaban de los excesos en el presupuesto, del mal diseño de la producción, de desprecio al papel de los sindicatos, entre otras serias deficiencias. Tras diversas vicisitudes que pasaron por la reincorporación del antiguo equipo, la confección de un nuevo plan de trabajo junto a Drove —finalmente rechazado por la productora— e incluso el repudio de Santillán por parte de su sindicato, la CNT, la película consiguió acabarse de forma aproximada a como estaba prevista y ser firmada por Drove.

3. La política centrista para el cine

Como apuntábamos al principio de este capítulo, no se puede postular la existencia de una auténtica política cinematográfica en este período de la reforma, que coincide absolutamente con el gobierno de la Unión de Centro Democrático (UCD), primero bajo presidencia de Adolfo Suárez y luego de Leopoldo Calvo Sotelo. Y de que no la hubo podríamos aducir dos muestras: la inexistencia de la eternamente esperada «ley del cine» y la carencia de un responsable político que asumiese el diseño y desarrollo de esa supuesta política cinematográfica.

La primera cuestión nos remite al ámbito legislativo, una de las más claras vías de acción del gobierno, sobre todo cuando su situación era mayoritaria dentro de las Cortes. Por supuesto que la UCD legisló abundantemente en materia cinematográfica, pero lo hizo siempre de forma coyuntural, a base de decreto-ley y órdenes ministeriales; nunca dentro de un proyecto global y coherente, correspondiente por otra parte a un auténtico diseño de una política cultural e industrial claras. Ese mismo gusto por la coyunturalidad y el apaño, que tan útil resultara para la sinuosa reforma política, sería un inconveniente en el terreno cinematográfico, ya que los retrasos e indecisiones gubernamentales repercutían negativamente en la estructuración y buena marcha del sector.

Por otra parte, ¿quién iba a desarrollar una supuesta política cinematográfica, si en esos cinco años se sucedieron hasta seis directores generales de cinematografía? Los primeros meses del primer gobierno Suárez contaron todavía con Rogelio Díaz, dimitido en abril de 1977 y sucedido el 3 de mayo por Félix Benítez de Lugo, que no sobrepasaría la remodelación ministerial de julio de 1977, aquella en la que el reaparecido Pío Cabanillas sustituía el Ministerio de Información y Turismo por el de Cultura y Bienestar (luego Cultura a secas). Así, en octubre de 1977 era nombrado el ex productor José García Moreno, uno de cuyos mayores méritos era ser padre de Carmela García Moreno, delegada de Cultura de la UCD. Su relativamente larga vida en el cargo se interrumpió con el acceso al mismo de Luis Escobar de la Serna, el subdirector general que había sustituido al dimitido José María Moliner en abril de 1978; a esas alturas ya era Clavero Arévalo el ministro de Cultura. Con el cambio ministerial que dio entrada al inefable Ricardo de la Cierva en la poltrona, en enero de 1980, se produjo la llegada de un nuevo director general, el ex crítico y funcionario de TVE Carlos Gortari. Su vida ministerial —muy bien intencionada por su inequívoco interés por el cine— fue realmente corta, puesto que cesó junto a su ministro en octubre del mismo año; entonces, el nuevo ministro Íñigo Cavero —que procedía del Ministerio de Justicia— nombró a Matías Vallés Rodríguez, cuyo mérito más reciente era su responsabilidad en el Tribunal Tutelar de Menores. De hecho, cualquiera servía para esa Dirección General...

Aun así, los gobiernos de UCD fueron parcheando la situación con sus innovaciones legislativas. Sin entrar en detalles y dejando de lado las medidas que contribuían al inevitable desmontaje del aparato oficial cinematográfico franquista, entre las primeras medidas tomadas por la UCD habría que citar el decreto ley 3071/1977 como la más importante. Publicado en noviembre de 1977, junto a la desaparición de la censura y de los permisos de rodaje, se creaban las salas especiales en sustitución del antiguo «arte y ensayo», y se entraba en una serie de medidas proteccionistas para la producción española.

Entre esas medidas se proponía una subvención a fondo perdido y automática para cualquier filme español del 15 % de la recaudación en taquilla durante los cinco años siguientes al estreno del filme, mientras que los cortometrajes debían repartirse alícuotamente el 5 % del total del fondo de protección. También se creaban dos nuevas categorías para los filmes españoles: «especial para menores» (que motivaría la aparición de una serie de horribles y baratos bodrios que introduciendo personajes infantiles ya creían cubrir las obligaciones de tal especialidad y beneficiarse del dinero estatal) y «especial calidad», cuyas beneficiarias resultarían premiadas con dinero procedente del 10 % del fondo de protección (a su vez alimentado por los cánones de las licencias de doblaje), que debía ser repartido al 50 % entre la productora y el equipo técnico, lo cual obviamente casi imposibilitaba cualquier reinversión.

Por otra parte, y paradójicamente, se eliminaba la cuota de distribución, lo cual repercutiría negativamente en la producción, al depender ésta muchas veces de los llamados «anticipos» que suministraban los distribuidores —entre el 30 y el 50 % del presupuesto del filme— en función de los ingresos una vez estrenada la película; sin obligación de distribuir cine español para obtener las licencias de doblaje, se perdió el interés por financiar producciones españolas, siendo ése un elemento que contribuiría a la crisis de la producción entre 1979 y 1981, mientras que a más largo plazo significaba la entrada de algunos distribuidores en la condición de co-productores. Y finalmente se regulaba una cuota de pantalla del 2 × 1 (es decir: la obligación de exhibir un día de cine español por cada dos de cine extranjero), realmente generosa para el cine español, aunque esos días de cine español eran de libre distribución a lo largo del año. Sería precisamente esta última medida la más polémica, al ser de inmediato rechazada por los representantes de los sectores de distribución y exhibición, hasta el punto de recurrirla con éxito (según sentencia de 1979) y abrir ahí la mayor brecha entre la administración y ambos sectores durante esos años. Con ello se iniciaba una lastimosa tradición de la política cinematográfica española de todos estos años, cual es el rango de las disposiciones propuestas, que al no plantearse como ley permiten una serie de recursos capaces de dejarlas en papel mojado.

A lo largo de 1978 se sucedieron diversas medidas en torno a la siempre retrasada implantación obligatoria del control de taquilla automático (básica para la clarificación del negocio cinematográfico, al impedir las mayores cuotas de fraude en el ámbito de la exhibición) y a la publicidad de los espectáculos. Por su parte, en octubre de 1979 se tuvo que retocar la normativa de la cuota de pantalla, debido a la pérdida del recurso, lo cual condujo a que en enero de 1980 se publicase un nuevo decreto sobre cuota de pantalla —pasándola al 3 × 1— y de distribución —por la que una película española podía generar hasta cinco licencias de importación—, piezas realmente importantes dentro de la política de protección al cine nacional. Otras medidas a lo largo de este año fueron menos espectaculares, pero también importantes, como los cambios de la reglamentación laboral de las salas de proyección cinematográfica, que permitía reducir considerablemente la plantilla laboral, con el consiguiente abaratamiento de los costes y la posibilidad de adaptación a una nueva situación, como por ejemplo era la capacidad tecnológica de los aparatos de proyección, cada vez más automatizados, y los multicines, con diversas salas de proyección en funcionamiento simultáneo. Asimismo también fue significativo el decreto según el cual se impedía la denegación de la licencia de exhibición a un filme, consecuencia del todavía vigente escándalo provocado por el secuestro de *El crimen de Cuenca*.

Junto a un nuevo decreto-ley sobre los créditos para proyectos de películas e inversiones en la remodelación de instalaciones cinematográficas, con los problemas derivados de la escasa capacidad avaladora o la carencia de contratos previos de venta por parte de las productoras españolas, la última batería de medidas legislativas de la UCD llegaría el mismo 1982 que vio su ocaso. En febrero, un nuevo decreto-ley daba las normas para el funcionamiento de las salas X, destinadas a la pornografía dura (*hard-core*), y las reaparecidas de «arte y ensayo», al tiempo que se reconstituía el *status* de la Filmoteca Española y se modificaban las tarifas de las licencias de doblaje, básicas para la constitución del fondo de protección a la cinematografía, del cual debe salir el dinero para las subvenciones a la producción. Precisamente sobre protección iba a ser la última medida del gobierno UCD, prácticamente póstuma al aprobarse el 1 de octubre de 1982, un decreto que poco tiempo después se vería modificado por la mal llamada «ley Miró». Su elemento central giraba en torno a la subvención a la «especial calidad» y a las películas de alto empeño, es decir, aquellas cuyo coste superase los 35 millones de pesetas, lo cual se suponía podía hacerlas más competitivas y ambiciosas en favor de la concurrencia del cine nacional frente al importado.

Todo ese conjunto de medidas que hemos situado muy rápidamente no correspondían, en realidad, a un criterio único y meditado, sino que muchas veces eran correcciones o giros en función de cada una de las coyunturas sucesivas. Tras el primer entusiasmo que la caída de la censura y algunos éxitos del cine español del comienzo de la reforma anticiparon, comenzaron a amontonarse los problemas. Uno de ellos, inherente a toda política proteccionista —como luego veremos con mayor insistencia—, fue el aumento de costes de la producción entre 1977 y 1980, que algunos sitúan en cerca del 66 %, con unos valores medios que pasaban de los 12 a los 20 millones.

El segundo y aún más grave fue —como ya ocurriera a principios de la década— la creciente deuda del fondo de protección con las productoras, que a finales de 1978 alcanzaba nada menos que los 1500 millones de pesetas, correspondiendo a un déficit presupuestario sostenido desde 1976. El número considerable de producciones (cerca de 700 entre 1977 y 1982) y su relativo éxito en taquilla significaban un fuerte desembolso que era imposible sostener con las fuentes de ingresos del fondo. Durante dos años, la pugna entre el sector de producción y la administración giró prioritariamente en relación a esa deuda, que repercutió sobre todo en la crisis de 1979, cuando se produjeron 89 largometrajes frente a los 107 del año anterior. El desbloqueo del fondo y las otras medidas de fomento establecidas aumentaron la producción hasta 146 filmes en 1982, aun teniendo en cuenta que algunos productores retuvieron entre 1979 y 1980 algunos proyectos a la espera de la conocida como inmediata reimplantación de la cuota de distribución. Además, esa deuda venía a unirse a la no resolución del fraude en taquilla, dada la lentísima mecanización de la venta de entradas y la insuficiencia de las inspecciones; un fraude que alcanzaba, según siempre se ha supuesto ante la obvia inexistencia de cifras concretas, miles de millones, según reconocieran incluso fuentes oficiales.

No se crea que esas cifras significaban lo que aparentan; muy buena parte de esas producciones no eran más que deleznables productos «S», que sin colaborar en nada a la solidificación de la industria, permitían hinchar los números y sostener una lumpenproducción que entorpecía el saneamiento general. Hay que recordar que la mayor parte de películas «S» españolas ofrecían un coste hasta un 40 % menor que los presupuestos habituales, ocupando por otra parte numerosas programaciones en detrimento de otras producciones españolas más interesantes. Resulta, pues, significativo que de esas 146 películas de 1982, cerca del 40 % (44 filmes concretamente) estuvieran calificadas como «S». En ese sentido, aún se incrementó la tradicional atomización del sector de producción, como demuestra —por ejemplo— que en 1977 sólo tres productoras realizasen más de tres películas, por sesenta que sólo produjeron una; en 1982 hubo 11 entre las primeras y 65 de las segundas. O, desde otro punto de vista, la propia presencia de numerosas co-producciones internas —entre productoras nacionales— marca su limitada dimensión y la necesidad de repartir riesgos.

Frente a ese cúmulo de problemas, una vez que ya no estaba en la mano del gobierno el tomar medidas ineficaces e insuficientes, como la subida del precio de las entradas en los cines, tal como hiciera en febrero de 1977 (un 25 %) y en marzo de 1978 (otro 20 %), debido a la obvia liberalización del mercado, se tuvieron que buscar otras líneas de apoyo a la subsistencia del cine español. La más llamativa de todas las ideas desarrolladas por la administración fue la convocatoria —mediante orden ministerial del 1 de agosto de 1979— de un concurso para la producción de películas y series para TVE por un total de 1300 millones de pesetas, salidos del presupuesto de RTVE. Se trataba de incrementar las hasta entonces casi inexistentes relaciones entre TVE y el cine español, que no habían pasado de la producción de una serie de zarzuelas de Orduña y de algunas adaptaciones de obras importantes del siglo de oro, además de diversas series —de gran éxito, por cierto— como *La barraca*, *Cañas y barro* y, sobre todo, *Curro Jiménez*.

La convocatoria trataba de tomar algunas precauciones para impedir la picaresca, como la restricción de las posibles productoras concursantes según unos mínimos de antigüedad y grado de actividad, si bien esa transparencia era muy relativa si se considera que la comisión encargada de decidir estaba constituida por el propio subsecretario de Cultura (que curiosamente era Fernando Castedo, siguiente director general del ente radiotelevisivo) y los directores generales de Radio y Televisión y de Cinematografía, además de su premura, puesto que el plazo de presentación se limitaba a dos meses. El punto más llamativo del concurso era su acotación temática, ya que se planteaba que interesaba se tratase «con preferencia de series basadas en las grandes obras de la literatura española». Con esa acotación se reintroducía una vieja costumbre del fomento cinematográfico español: ante la duda del valor cultural de lo cinematográfico y con vistas a justificar semejante dispendio se pedía ayuda a la Cultura (con mayúscula), que significaba el referente literario de los proyectos. Con la coartada de la divulgación de las grandes obras de la literatura nacional y la inevitable apariencia de calidad que esa orientación podía otorgar, además de en último término endosar al autor de la obra literaria la responsabilidad de los contenidos y su interés, se introducía una «costumbre» que iba a florecer en el cine español de toda la década inmediata.

En conclusión, se aprobaron dos largometrajes y quince series (algunas de ellas resumidas en largometrajes de previa explotación cinematográfica), aunque el propio y crónico déficit presupuestario de TVE y la poca solvencia de algunos productores, que no recibían el dinero hasta la entrega de la copia *standard*, provocaron que seis no llegaran a realizarse y que otra, el *Viriato* de de la Loma, fuese interrumpida antes de la tercera semana de rodaje, debido a su ínfima calidad. Por supuesto, esta medida no levantó la actividad productora en España y ni siquiera significó una racionalización del papel a desempeñar por la televisión en la industria cinematográfica española, muy alejada de lo que en aquellos tiempos significaban televisiones como la RAI, la televisión bávara, el Channel Four británico, etc.

Establecida la muy relativa política cinematográfica del partido en el poder, habría que plantearse hasta qué punto se dibujaba en el horizonte algún tipo de alternativa. De hecho, sólo el PSOE trató de articular una propuesta global sobre el cine español en mayo de 1978, siendo presentada por una comisión que integraban Miguel Ángel Ribas, Jaime Fernández Cid, Pilar Miró, Miguel Rubio y Juan Miguel Lamet. Con ello se anticipaba a lo que, en definitiva, iba a ser la mayor operación de alternativa a la no política cinematográfica vigente: el I Congreso Democrático del Cine Español.

Celebrado entre los días 14 y 17 de diciembre de 1978, reunió a los representantes de la mayor parte de los partidos políticos —con la importante ausencia de la UCD, luego incorporada como observadora—, de agrupaciones sindicales y profesionales (con la inasistencia de AIPCE), de organismos culturales, etc., y no sin las reticencias de algunas organizaciones de carácter autonómico. Un total de 169 ponencias fueron presentadas al Congreso, que se estructuró según cuatro áreas de trabajo: socioprofesional, industrial, de mercado y cultural. Evidentemente, no podemos detenernos en cada una de ellas, pero retengamos que se planteaban cuestiones como el estatuto de los profesionales, los problemas del visado de contratos, la ayuda a la producción cooperativa, la formación profesional, los derechos de autor y de la propia imagen, los anticipos de protección, el control de taquilla, el canon y contingentación de los doblajes, la cuota de pantalla en cines y en TVE, el control de las coproducciones, la unificación impositiva sobre taquilla, la vigilancia de la reinversión, los derechos de los pequeños formatos, el cine publicitario y el fomento del cortometraje, las exenciones fiscales, la supresión del canon para la película virgen, la potenciación de los laboratorios y empresas auxiliares nacionales, el apoyo a los subtitulados, el apoyo crediticio a las infraestructuras en las nacionalidades y a las pequeñas empresas, la unificación de la promoción exterior, la vigilancia de la labor de las filiales multinacionales, los canales no comerciales, etc.

A esos aspectos de orden industrial cabrían añadir otros tantos de tipo más cultural, a partir de una radical estimación del cine como actividad cultural y por tanto merecedora de una protección, sobre todo ante la presión americana, ajena a cualquier dirigismo. Así se requería la atención hacia los problemas del cine de las nacionalidades y regiones, del cine para la infancia y juventud, del cortometraje y el cine no comercial (científico, didáctico, etc.), del fomento del cineclubismo, de los festivales de cine, de las filmotecas y archivos, del interés por la enseñanza del cine en todos los niveles educativos, de los lastres del doblaje, del apoyo a la literatura y prensa cinematográficas, a la libertad de expresión, etc.

Nadie puede negar la ambición de todas esas propuestas —nunca asumidas en su totalidad por nadie, ni siquiera por el propio PSOE, que las avaló—, que en su conjunto se constituían como la alternativa global de política cinematográfica capaz de fructificar en una completa ley del cine, y que ofrecían aspectos tan concretos y definitorios como la creación de un ente autónomo que aglutinase buena parte de esos temas. Por supuesto, salvo algún que otro aspecto muy concreto y alguna asunción derivada en la futura política del PSOE en el poder, esa especie de «carta magna» del cine español quedaría como el punto de referencia de una imposible «ruptura» cinematográfica, aun con sus considerables dosis de posibilismo.

4. Los cines autonómicos

Otro de los elementos innovadores en el período de la reforma cinematográfica fue el resurgir —o la invención— de una actividad cinematográfica descentralizada, con base en la aparición de una nueva estructura del Estado, consagrada en la Constitución, bajo el concepto del Estado de las autonomías. Evidentemente, las posibilidades y los ritmos de aparición —y raramente de consolidación— del cine autonómico fueron muy diversos y desiguales. Ni que decir tiene que la propia tradición industrial catalana —aun muy venida a menos a lo largo del discurrir del franquismo— situaría al cine catalán en la cabeza del pelotón, seguido con gran esfuerzo por el cine vasco. Del resto —Andalucía, Galicia, Valencia y Canarias— no cabría hablar más que de propósitos o esbozos iniciales que ni años después acabarían por consolidarse, pese a los muy meritorios esfuerzos desarrollados.

Habría que calibrar dos fases en el desarrollo de los cines autonómicos: antes y después de los traspasos de competencias derivados de la aprobación primero de la Constitución y luego de los respectivos estatutos de autonomía. Teniendo en cuenta que los traspasos de las competencias culturales a las autonomías comenzaron en febrero de 1981, con los traspasos a la Generalitat, podemos establecer que el período reformista coincide casi con una primera fase de desarrollo cinematográfico preautonómico.

Cataluña presentaba dos importantes ventajas en su arranque de un cine más o menos autóctono: la pervivencia de una industria cinematográfica y un grado de conciencia nacional más alto y menos crispado que en otras nacionalidades. Cierto es que la industria barcelonesa —frente a la cual luego no dejaría de haber intentos descentralizadores— ocupaba en las postrimerías del tardofranquismo una posición altamente secundaria respecto al núcleo productor madrileño. Dedicada a la confección de subproductos en sus diferentes variantes —aunque con escasez de comedias «sexy», curiosamente— a cargo de productoras como Balcázar, Ifisa o Profilmes, no faltaban eventualmente algunos productos situados en el extremo opuesto, el más exquisito «cine de autor», herencia de la fallida Escuela de Barcelona y que no dudaban en asumir la independencia más absoluta de las constricciones del mercado —y de la censura— a través de una real radicalidad estética, próxima al *underground*, o político-social. Pensemos, simplemente, en el cine de Padrós o de Portabella como exponentes de esas opciones marginales, tanto por voluntad propia como por imposibilidad de seguir otra vía. Lo inexistente era una producción media, para ese público medio que se estaba despertando en el conjunto de la producción nacional.

Su propia marginalidad permitía que una parte de ese cine alternativo, que generaría sus propias redes de distribución y exhibición, primero clandestina, luego pública (que culminaría en entes como la Central del Curt), fuese en muchas ocasiones hablado en catalán, aspecto que ni siquiera se planteaba en la producción industrial barcelonesa, tras las aisladísimas experiencias de la segunda mitad de los años sesenta, efectuadas al amparo de la apertura fraguista, aunque sin sobrepasar las adaptaciones de alguna obra literaria o el intento de explotar las formas autóctonas de comedia populista y subgenérica (de Espriu a Joan Capri, para entendernos). Y sin embargo, aun en el seno de un panorama tan poco esperanzador, el propio ascenso general de la conciencia nacional iba a revertir en el real nacimiento de un cine catalán y en catalán, que iría de la mano de una elevación del nivel del cine en castellano producido en Barcelona, en muchas ocasiones superior incluso al primero. Una de las muestras de esa conciencia en los tiempos tardofranquistas llegó a través del Congrès de Cultura Catalana, que sin ambages reconocía que «... nunca ha llegado a darse una cinematografía nacional catalana considerada como tal». Claro que en ese mismo congreso, desarrollado entre 1976 y 1977, no sería posible dar una definición del cine catalán, siendo publicadas dos definiciones en las conclusiones de octubre de 1977. En un caso, el cine catalán era entendido exclusivamente como aquel hablado en catalán, mientras que en el otro se ponía énfasis sobre todo en la correspondencia a la realidad catalana, dando menor trascendencia al hecho lingüístico, puesto que aquélla correspondía a una situación de bilingüismo.

Ese debate, o esa indefinición, iba a colear durante mucho tiempo y resurgiría periódicamente, por ejemplo cuando la polémica de las primeras ediciones de los premios de cinematografía de la Generalitat, al no ser considerados diversos filmes de producción catalana pero hablados parcial o totalmente en castellano. Y ello pese a que en las Converses de Cinema de Catalunya de 1981 ya se proponía —consensuadamente— como filme catalán aquel producido por empresas inscritas en el registro de la Generalitat, con un 70 % del equipo catalán, rodaje en tierras catalanas (salvo obvias necesidades de otros escenarios según el guión) y siendo tratados en laboratorios de revelado, montaje y sonorización de empresas catalanas. Evidentemente, esos problemas surgirían en otras autonomías, como el País Vasco, aunque el problema se incrementaba en aquellas en las que ni siquiera existiese un hecho lingüístico diferencial.

De todas formas, el nacimiento oficial y público del cine catalán llegaría con el estreno de algunas películas en los prolegómenos de la reforma. La primera fue *La nova cançó* (1976), de Francesc Bellmunt, estrenada en junio de 1976, si bien su condición de documental sobre un aspecto tan esencial de la recuperación cultural catalana como era el movimiento de la *cançó*, parecía quitarle peso cinematográfico. Muy otro fue el caso de *La ciutat cremada* (1976), el filme de Antoni Ribas que desde su estreno en septiembre del mismo año iba a constituirse en la bandera de enganche del cine catalán. El tercer jalón fundamental de ese inicio de recuperación, capaz de manifestarse con una Semana de Cine de los Països

La ciutat cremada (1976), de Antoni Ribas

Catalans en Madrid en marzo de 1977, fue el arranque del ya citado *Noticiari de Barcelona* el 27 de junio de 1977, doce días después
de las primeras elecciones democráticas, con el significativo título
de *Coses que retornen*, a cargo de Josep María Forn, uno de los
máximos impulsores de ese cine catalán.

Pese a la euforia inicial, potenciada por el real éxito económico
de *La ciutat cremada*, que había sido financiada por un curioso
sistema de participaciones múltiples, la continuidad del cine cata-

lán no fue fácil. Sin duda que con motivo de esa efervescencia, alguna antigua productora reconvirtió sus directrices de trabajo, caso de Profilmes al intervenir en títulos como *Sonámbulos* o *La vieja memoria* antes de su desaparición en 1978; o surgieron sucesivamente nuevas productoras, como Figaro Films, Prozesa, Golden Sun, las cooperativas Coop-Nou y Germinal, etc. Pero aun así, los filmes catalanes realizados hasta 1982 fueron siempre operaciones excepcionales, puntuales, incapaces de apuntalar —junto a la producción paralela en castellano— la mínima industria vigente, sobre todo en el momento del declive de los subproductos. Así se sucedieron un puñado de títulos, entre los que destacaríamos *Companys, procès a Catalunya* (1978), de Forn, y *L'orgia* (1978), de Bellmunt, sin que entre todos ellos pudiese hablarse de un «nuevo cine catalán» con un mínimo de homogeneidad. Sin la cantidad suficiente de filmes como para poder hablar de una producción diversificada, pero también sin una unidad que permitiese un lanzamiento conjunto del tipo del «nuevo cine suizo», capaz de crear una atracción hacia el cine catalán entendido con una personalidad propia, la batalla no podía ganarse. Ésa sería una tónica que no se invertiría ni siquiera en los años siguientes, conduciendo —entre otras razones que deben incluir la discutible calidad de muchos de los productos— a una escasa competitividad en los mercados externos a Cataluña, aun en la misma España. Y evidentemente, el ámbito catalán no se bastaba para la amortización de esos productos, reafirmando la excepcionalidad de cada operación.

El horizonte que debía significar el final de esas limitaciones estaba puesto sobre todo en los elementos que trataremos más adelante: la asunción por la Generalitat de unas competencias suficientes para definir una cierta política cinematográfica y la creación de una televisión oficial catalana (TV3) que se suponía debía ser un gran apoyo a la cinematografía nacional. En ese sentido se situaron las opciones tomadas en diversos encuentros y debates, culminados, unos pocos días antes del traspaso de competencias a la Generalitat, con las Converses de Cinema de Catalunya, que retomaban un viejo anhelo del Congrès de Cultura como era la creación de un Ente Autónomo de la Cinematografía en el nivel catalán que, como en el caso del español reclamado por el Congreso Democrático, jamás vería la luz.

Evidentemente, los esfuerzos autonómicos no se limitaron al caso catalán y de eso dieron cuenta diversos encuentros, desde los de Orense, iniciados en el temprano 1973 y que finalizaron en 1979, hasta los de Almería (1975) o San Feliu de Guixols (1977). Pero el ritmo de despegue de las otras autonomías sería más lento, aunque por ejemplo en el caso del cine vasco posiblemente su impulso fuese mucho más considerable, sobre todo en la constitución de una etiqueta de cierta eficacia en los mercados externos.

En el País Vasco no hubo una actividad de producción algo estabilizada hasta la consecución de los traspasos —con competencia exclusiva— en septiembre de 1980. Los intentos anteriores fueron obra de esfuerzos aislados y mayoritariamente en la esfera de lo privado, teniendo su primer antecedente en las radicales Primeras Jornadas de Cine Vasco, en febrero de 1976, donde se postulaba un cine vasco hecho por y para vascos, en euskera, sobre problemas vascos y según una estética (?) vasca. La tendencia más radicalmente nacionalista se manifestaría en esos años sobre todo en la producción de una serie de noticiarios —los *Ikuska*—, que en el período 1977-1985 alcanzarían los veinte números bajo la dirección de algunos de los pilares del cine vasco (Egea, Olea, Elorriaga, Uribe, Armendáriz, Eceiza, Sota, etc.), aquejados de un cierto anacronismo en su visión anclada en un Euskadi rural y tradicionalista, aspectos semejantes a los manifestados por el largometraje *Euskal Herri Musika* (1979), de Fernando Larruquert.

Paralelamente, la creación de la Asociación de Cineastas Vascos iba dinamizando la actividad cinematográfica, sobre todo en el terreno del cortometraje, en que alcanzarían notoriedad nombres como Iñaki Núñez —autor del polémico y perseguido corto *Estado de excepción* (1976)— y Anton Merikaetxebarria. De forma excepcional, fueron apareciendo algunos largometrajes dispersos, de índole muy variada: *Axut* (1976), de José María Zabala; *Toque de queda* (1978), de Iñaki Núñez; *Sabino Arana* (1980), de Pedro

Sota; y sobre todo, *El proceso de Burgos* (1979), debut de Imanol Uribe, que sin duda fue el que alcanzó mayor resonancia estatal. De todas formas, el auténtico arranque de lo que en estos últimos años se ha venido denominando «cine vasco» llegaría a partir de 1981, por lo que retomaremos el asunto algo más adelante.

Otras nacionalidades y autonomías iban intentando despertar a lo ancho del territorio español, sin llegar a cuajar más que en intentos fugaces o dispersos; en ningún caso se llegó a constituir una cinematografía autóctona bien definida, ni desde la perspectiva industrial, ni en la creativa. Un rápido repaso nos llevaría a tierras valencianas, donde Vicente Escrivá realizaba *El virgo de la Visenteta* (1978) y, bajo un perfil muy distinto, Carles Mira hacía *La portentosa vida del padre Vicente* (1978) y *Con el culo al aire* (1980); y también a Andalucía, donde Gonzalo García Pelayo realizaba una serie de filmes osados y relativamente regionalistas, como *Manuela* (1975), *Vivir en Sevilla* (1978), *Frente al mar* (1979), *Corridas de alegría* (1981) y *Rocío y José* (1982), antes de abandonar la labor, sin tampoco haber conseguido estabilizar un cine andaluz, al que también intentaron contribuir Roberto Fandiño, con *La espuela* (1976), y Pilar Távora, con *Nanas de espinas* (1984). Y en una línea aún más testimonial cabría recordar empeños aislados como la canaria *Isla somos* (1978), de Patricio Guzmán, la gallega *Malapata* (1979), de Chano Piñeiro, o la aragonesa *Esta tierra* (1980), de Loren.

IV
EL MODELO CINEMATOGRÁFICO SOCIALISTA

Tras el acelerado proceso de desintegración del partido que había liderado la reforma política, la UCD, a causa de sus disensiones internas y de la implacable oposición desde la izquierda, las elecciones de octubre de 1982 significaron el momento trascendental de la alternancia en el poder, lo cual para muchos significaba la definitiva consolidación del sistema democrático, un año y medio después de verse sometido a la convulsión de un fallido golpe de Estado. La opción socialista fue aupada en las urnas bajo la idea del cambio, de un giro radical en la difusa política desarrollada por la UCD. Evidentemente, dentro de esa opción general, también en el ámbito cinematográfico se suponía y esperaba un cambio, que sólo podía pasar por la plena instauración de una concreta política cinematográfica, en buena parte supuesta herencia de los postulados de la oposición que se habían manifestado a través del Congreso Democrático del Cine Español.

El mandato socialista comenzó, cinematográficamente hablando, con una sorpresa. Frente a las suposiciones que otorgaban la Dirección General de Cinematografía a algún miembro del comité de cine del PSOE y más específicamente a alguien próximo a la línea guerrista, como por ejemplo Juan Miguel Lamet o Pedro Carvajal, el nombramiento de Pilar Miró resultó inesperado para muchos, pese a su procedencia desde las más altas instancias del partido. El hecho de que una directora —mujer y profesional del cine— accediese a tal cargo, unido a la notoriedad que acompañaba a la autora de *El crimen de Cuenca*, abría indiscutiblemente unas perspectivas muy amplias. Lo cierto es que mientras los nombres de los directores generales que se habían sucedido desde la muerte de Franco permanecen en el más riguroso de los olvidos, el período en cuyo análisis ahora entramos va a ir conexo a su apellido y, de alguna forma, su empeño va a identificarse —para bien y para mal— con buena parte de las características que lo definen.

La pieza clave de la legislación cinematográfica durante los seis primeros años del gobierno socialista —que comprende también el paso de Fernando Méndez Leite por la Dirección General entre enero de 1986 y diciembre de 1988— sería la mal llamada «ley Miró». Mal llamada precisamente porque no es tal ley, porque aun cuando a la muerte de Franco ya el Consejo Superior de Cinematografía estaba estudiando las 300 enmiendas presentadas al anteproyecto de «ley del cine», en los diez años de gobierno socialista tampoco se resolvería esa «asignatura pendiente». Se trata, como veremos, de un decreto-ley luego completado y corregido por otros decretos y órdenes ministeriales. Sin embargo, su incidencia en la marcha de la producción cinematográfica española y del propio carácter del cine hispano nos obligan a prestarle una esmerada atención.

1. La política proteccionista

Cuando Pilar Miró accedió al cargo de directora general de cinematografía en diciembre de 1982, ¿cuál era la situación del cine español y cuál iba a ser el sentido de su evolución? En principio, parecía haberse resuelto lo más perentorio de la crisis de 1979, cuando la producción descendió a los 56 largometrajes (más 33 coproducciones), desde los 89 (y 21) de 1975 y 90 (y 18) de 1976. La recuperación ya experimentada en 1980 y 1981 —con 82 (y 36) y 92 (y 45) títulos respectivamente— se consumó con los 118 (más otras 28 coproducciones) de 1982. A partir de la incidencia de las medidas socialistas, la producción descendió cuantitativamente de un modo apreciable: tras los todavía 81 (y 18 coproducciones) títulos de 1983, en 1984 ya descendió bruscamente a 63 (y 12), alcanzando su sima más profunda en 1986 con tan sólo 51 (y 9), con una leve recuperación hasta los 62 (y 7) de 1987, si bien en 1989 y 1990 el descenso aún sería más profundo, hasta los 42 (y 5) y 32 (y 10) filmes respectivamente, con una mínima remontada en 1991 al alcanzar los 46 (más 18 coproducciones), si bien al considerar las coproducciones, hay que recordar que en algún caso pueden estimarse como filmes españoles por el peso de la participación española en el equipo de producción, pero en otros ni por asomo merecerían tal consideración.

La primera conclusión, pues, sería el obvio descenso de la cantidad de filmes producidos en España durante el mandato socialista. No cabe, sin embargo, desarrollar interpretaciones definitivas de ese dato, si no tomamos en consideración algún otro. Por ejemplo, que el descenso de la producción ha ido acompañado por un considerable decrecimiento de las salas de exhibición censadas y en funcionamiento: desde las 8669 censadas y 5076 operativas de 1975 se produjo un brusco bajón a 5684 censadas y 4615 operativas en 1977, para ascender en 1982 a 6420 las primeras y descender a 2939 las segundas, cifra ya bastante estable, puesto que en 1987 había 6854 por 2234. De forma coherente, el número de películas en circulación que abastecían tales salas también se depreció, pasando de 4175 en 1975 a 3680 en 1987. Dado que esas cifras absolutas, aparte de marear, no aclaran excesivamente las cosas, más relevante puede ser considerar que en 1975 se daba una asistencia media por habitante y año de 7,2, que en 1982 ya había bajado a 4,3 y en 1987 todavía a 2,26. Sin embargo, debemos completar esos datos con el hecho de que el gasto medio en cine por habitante y año pasó de 365,7 pesetas en 1975 a 671,8 en 1987, hecho explicable mediante la constatación, por una parte, del incremento del precio de las localidades y de otra del menor número de asistentes al cine.

Del primer hecho, el aumento de las entradas (en más de un 400 %), da testimonio también el ascenso casi al 100 % de las recaudaciones totales de la exhibición española, que pasaron de 12.972.489.130 pesetas en 1975 a 27.947.000.000 pesetas en 1989, correspondientes sin embargo a un descenso del total de espectadores desde los 255.785.631 hasta 78.056.886 en el mismo período. Es decir, casi una tercera parte de asistentes a las salas de proyección han gastado el doble de dinero en el cine. Pero a nuestros efectos nos interesa otro dato muy significativo: la recaudación total de cine español incluso ha descendido, pasando de 3.727.901.918 pesetas en 1975 a los 2.079.000.000 pesetas en 1989; lo cual aún es más drástico si consideramos que de 78.814.732 espectadores de películas españolas en 1975 se ha pasado a 6.006.959 en 1987, aunque hay que decir que la tendencia decreciente ya estaba dada en 1982, año en que esos espectadores fueron 36.510.019, mientras que el importe de las recaudaciones tuvo un fuerte ascenso entre 1981 y 1985, con cifras superiores a los 4000 millones, alcanzando un máximo histórico e irrepetido en 1982 con 6.221.767.239. Fácil es percibir que el decrecimiento general de espectadores a cerca de un tercio corresponde a un descenso hasta la treceava parte en cuanto a espectadores de cine español. En porcentajes, diremos que la cuota de espectadores ha descendido desde el 30,2 % en 1982 hasta el 7,7 % en 1989.

De estas cifras ofrecidas se pueden deducir dos cosas de entrada: la existencia de un descenso generalizado de la frecuentación cinematográfica, perfectamente homologable en el nivel mundial, cuyas causas bien conocidas radican en cambios de costumbres sociales, de formas de explotación de lo cinematográfico, de mayor número de alternativas de ocio, etc.; y en segundo lugar, que el empeoramiento de la situación relativa del cine español delata unas circunstancias específicas, sobre las que de una manera u otra han debido incidir las medidas de política cinematográfica. Parece claro que al descenso de cines y de películas producidas corresponda un descenso de espectadores y recaudaciones, pero habría que averiguar si lo ocurrido no ha sido precisamente lo contrario: que haya sido la caída de espectadores, progresivamente desinteresados por el cine español —en mayor medida que por el conjunto del cine estrenado en España—, la que haya motivado el cierre de cines y la disminución de producciones.

Frente a esas tendencias más o menos agudizadas, la acción de la administración socialista española no ha sido potenciar la inflación de títulos —como esos desmesurados 146 filmes de 1982—, sino el intentar reajustar la producción mediante unos criterios tendentes a mejorar la calidad y competitividad del menor número de productos realizados. Un número inferior que por otra parte también estaba vinculado al tremendo incremento de costes en el cine español; esa gran inflación que ha llevado desde un coste medio de 14.152.500 pesetas en 1975 hasta otro de 84.695.000 pesetas en 1985, según cálculo propuesto por Bermúdez de Castro. Además de señalar que en el período 1985-1992 el incremento de costes aún habrá alcanzado cotas mayores, no deja de ser sintomático que ese nivel se mantuviese en 1980 en los 24.394.000 pesetas, por lo que confirmamos que las medidas socialistas no fueron indiferentes a ese proceso inflacionario, sobre todo si analizamos la repercusión porcentual de cada parte del presupuesto y comprobamos que los mayores aumentos se han dado en los equipos técnico y artístico, en escenografía y en gastos generales, es decir, en aquellos factores que parecen indicar una búsqueda de mayor calidad de los productos. Veamos, pues, cuáles fueron las principales medidas tomadas en esos años.

Los tres empeños más claros de la administración encabezada sucesivamente por Miró y Méndez Leite eran la protección a la producción, el logro de un estatuto de colaboración entre el sector de la producción y TVE, y alguna forma de promoción internacional del cine español que revirtiese en una expansión de su mercado. Las dos primeras piezas clave de la política Miró fueron dos decretos publicados a lo largo de 1983. El primero, decreto 1067/1983, reguló las salas X (para películas de carácter pornográfico y violento, y gravadas con una exención parafiscal sobre el precio de la entrada) y de «arte y ensayo», y la conversión de la Filmoteca Española en un organismo autónomo, pero sobre todo significó la desaparición de la categoría «S», forma prioritaria del subproducto en ese momento, por la cual no merecía la pena verter ninguna lágrima, aunque demagógicamente muchos acusaron a la directora general de lastimar el conjunto de la industria al recortar ese tipo de producción que, dicen, daba trabajo y mantenía una dinámica industrial, cuando, como ya vimos, no significaba más que una lumpenproducción muchas veces basada en la sobreexplotación de los empleados.

Mucho más importante fue el decreto 3304/1983 aprobado en diciembre, que junto a las órdenes ministeriales para su desarrollo, de febrero y mayo de 1984, iban a construir la mal llamada «ley Miró». Su clave radicaba en la introducción dentro de la protección cinematográfica española de la figura de la subvención anticipada, a imagen del *avance sur recettes* de la legislación francesa, lo cual reportaría acusaciones de mimetismo y de preocupación exclusiva por el área de la producción, siempre inferior al 50 % del presupuesto y retornable tras la explotación comercial, según el proyecto presentado (integrado por el guión, propuesta de equipo, presupuesto, plan financiero y memoria explicativa), con el respaldo del 15 % de subvención automática sobre recaudación bruta en taquilla que a fondo perdido recibían todos los filmes españoles. Sólo en el caso de que esa subvención automática —o cualquier otra que hubiera— no cubriese el anticipo, el resto se asumiría a fondo perdido. Parece claro con lo dicho hasta aquí que la clave de esas formas de protección radicaba en la selección y decisión de los proyectos merecedores de la ayuda previa, junto —evidentemente— con las posibilidades derivadas de la cuantía del fondo de protección, que podía permitir subvencionar más o menos filmes, en lo cual a su vez incidía la capacidad de retorno del dinero avanzado por los filmes ya explotados, según fuese su marcha comercial.

En ese mismo decreto se planteaban otras medidas de indudable importancia: la reducción de la cuota de distribución a cuatro licencias de doblaje por cada película española distribuida; la ampliación de la cuota de exhibición al 3 × 1, medida en principio contradictoria, pero que respondía al temor de que con el bajón de filmes producidos no se pudiese cubrir el mercado con el 2 × 1, si bien se compensaba con el hecho de que se redujese al 1 × 1 para los filmes españoles con más de cuatro años de antigüedad; la reducción de 5 a 4 años para el cómputo del 15 % de subvención sobre los rendimientos en taquilla; la supresión de una dotación económica cerrada para los filmes de «especial calidad», convirtiéndose en un 25 % sobre el bruto de taquilla, siendo además concedido al productor y no repartido por éste con el equipo del filme (anotemos que, salvo en el caso del filme de Antonio Cabal *Sáhara*, en 1984, todos los proyectos con subvención anticipada acumularon la «especial calidad»); una subvención adicional para aquellos filmes que superasen un coste de 55 millones, según una fórmula matemática fija, siempre y cuando acumulada con las anteriores no se superase el 65 % del coste total; un apoyo específico en la concesión de ayudas a las obras propuestas por realizadores noveles (con 43 debutantes entre 1985 y 1988) y las destinadas al público infantil, aunque en este último caso desmarcándose del tradicional cine «con niño»; y ayudas a los cortometrajes según un sistema de puntos que tengan en cuenta la calidad y la inversión realizada.

Esas medidas se vieron complementadas por otra orden en septiembre de 1984 que regulaba el olvidado tema de las coproducciones, estableciendo un sistema de puntuación para establecer los baremos de españolidad, recabando un mayor control fiscal del movimiento de divisas, otorgando mayor importancia a la presencia de un director español, etc. En realidad no se consiguió detener la tendencia decreciente de las coproducciones, sin que las pocas desarrolladas en esos momentos alcanzasen un excesivo interés.

Desarrollo obligado del decreto Miró fue la orden ministerial de mayo de 1984 que creaba la polémica Comisión de Calificación de Películas Cinematográficas, dividida en dos subcomisiones con objeto de establecer bien la calificación de los filmes, bien la valoración técnica de los proyectos. La constitución de ambas comisiones tenía que ser forzosamente conflictiva, al dar preponderancia a gentes muy directamente vinculadas con la dirección y producción cinematográficas. Nombres como Borau, Bodegas, Giménez Rico, Tusell, Cabal, Egido o Díez, entre otros, integraron la primera propuesta, sin que se hubiese establecido un reglamento de captación según el cual se impidiesen posibles colusiones entre las decisiones de la comisión y los intereses personales. Así, numerosos proyectos presentados a esa primera comisión estaban vinculados de diferentes maneras a sus propios miembros (entre ellos *El caballero del dragón*, *La reina del mate*, *Luces de bohemia*, *Río abajo*,

La vieja música, Extramuros, etc.), de tal manera que, uniéndose a las discrepancias y sospechas de arbitrariedad que eternamente provocaría cualquier comisión de ese tipo, aparecieron numerosas acusaciones de amiguismo. Eso llevó, por ejemplo, a la dimisión por razones «éticas» de Roberto Bodegas, luego no hecha efectiva al retirarse el proyecto que le afectaba. Pero evidentemente, quien no estaba afectado en una ocasión podía estarlo en la siguiente y quien ahora le debía una ayuda, a lo mejor era quien debería concedérsela a él después...

Hasta tal punto fue eficaz la campaña sobre el funcionamiento de las comisiones contra Pilar Miró —que a esas alturas ya había pasado de ser directora general a directora del Instituto del Cine y las Artes Audiovisuales (ICAA), ente creado en el seno del Ministerio de Cultura en abril de 1985— que se llegó a forzar su presentación ante la Comisión de Educación y Cultura del Congreso de los Diputados a petición del Grupo Popular en octubre de 1985; y en contrapartida, no faltó un escrito de adhesión a la Miró por parte de doscientos profesionales.

Pero no sería ése el único flanco de ataque contra la Miró —y luego Méndez Leite—, puesto que determinados sectores de la prensa —encabezados por *ABC,* donde se fraguó una extraña alianza entre Summers, Frade y algunos sectores de CCOO y UGT— y algunos cineastas con complejo de malconsiderados —caso Garci, cuando ante la negativa de ayuda de RTVE a *Sesión continua* (1984) anunció su retiro, luego no cumplido— desataron sucesivas campañas contra la política cinematográfica socialista. El más importante, sin embargo, de tales ataques llegaría —de nuevo— de parte de Antonio Recoder en nombre de ADICAN, que arremetió contra la cuota de distribución, la supresión del cine «S», la insuficiente persecución del fraude de taquilla, el aventurismo y falta de profesionalidad en el sector de la producción, etc. Y el más trascendente de los ataques fue el recurso presentado por Alberto Platard en nombre de la APCE (Asočiación de Productores Cinematográficos Españoles) contra la legislación Miró. Llegado el recurso hasta el Tribunal Supremo, la sentencia de octubre de 1987 fue favorable al recurrente, declarándose la nulidad de la orden de mayo de 1984 sobre subvención de películas, por un defecto de forma: no haber consultado previamente a las asociaciones afectadas. Situados ya en el período Méndez Leite, fue precisa una nueva orden, en marzo de 1988, que retocase la anterior e incluso la mejorase. Así, se precisaba la naturaleza, composición, funciones y régimen de funcionamiento de las comisiones de valoración, se matizaban los requisitos para la calificación de películas, subvenciones anticipadas, coproducciones, etc.

El hecho de que muchos de los ataques a la política socialista de fomento a la producción fuesen interesados o desorbitados no significaba, ni mucho menos, que aquélla no presentase numerosos inconvenientes e incluso consecuencias no exactamente coincidentes con las previstas. Por ejemplo, se ha dicho que la opción tomada significaba potenciar la figura del director-productor en detrimento del productor más tradicional; que los muy limitados resultados en taquilla de la mayor parte de proyectos subvencionados (26 sobre los 106 presentados en 1984; 57 sobre los 94 de 1985; 41 sobre 127 en 1986;...) significaban una alta onerosidad, puesto que al no haber apenas devoluciones —sólo cuatro entre las 26 subvencionadas en 1984— los fondos iban menguando rápidamente al no retroalimentarse. Por otra parte, el hecho de que las subvenciones ministeriales fuesen acumulables con las ayudas de TVE (y luego otras televisiones públicas) y de ciertas comunidades autónomas, hacía que buena parte del presupuesto estuviese cubierto más allá de la real carrera comercial del filme; además, nada impide temer —antes bien, lo aseguraríamos— que buena parte de los presupuestos y costes estuvieron lo suficientemente hinchados (apoyando la citada y desorbitante inflación de costes) como para que los filmes estuviesen realmente financiados exclusivamente con las subvenciones, pudiendo darse el caso incluso de obtener beneficios antes del estreno y sin embargo no devolver un céntimo. Y encima, aquellos escasos títulos capaces de defenderse con brillantez en el mercado, al obtener una muy alta subvención automática, corrían el riesgo de descapitalizar un fondo de protección ya suficientemente esquilmado por los anticipos no devueltos.

Uno de los reproches más duros que merece esa política sería la inexistencia de un proyecto de ayuda global a la industria. De poco servía volcar la ayuda a la producción, si no se tomaban las correspondientes medidas en apoyo a la comercialización de esos filmes. La progresiva desaparición de las pequeñas y medianas empresas de distribución, en favor siempre de unas multinacionales desinteresadas por el cine español, y la liquidación de una parte considerable de la red secundaria de cines (reestreno y locales de ciudades pequeñas y pueblos), dándose el caso de la desaparición absoluta de salas incluso en capitales de provincia (Segovia, Cuenca, etc.), eran otros tantos obstáculos para una adecuada explotación del cine nacional en su propio territorio, lo cual por otra parte no se sustituía por una mayor rentabilidad en el mercado exterior. Esas carencias se ampliaban a las tímidas medidas de renovación infraestructural, de reforma de salas y equipamientos, que en definitiva también repercutiría en unas mejores condiciones de recepción del cine hispano.

En cuanto a las comisiones, el auténtico peligro no estaba tanto en el amiguismo directo —a la postre siempre han sido comisiones consultivas y no vinculantes, quedando la decisión a la discrecionalidad del director general— como en la introducción de unas costumbres nocivas para el discurrir de una producción diversificada y atractiva. La tentación de preparar los proyectos en función del gusto de la comisión y no del público era la más peligrosa, ya que significaba guiarse por los arcanos misteriosos del tipo de «Si la comisión ha apoyado a este filme es que le gusta precisamente "ese" tipo de filmes y por tanto vamos a intentar repetirlo hasta la saciedad, puesto que no pueden desdecirse y no apoyarlo», con lo cual la posibilidad de caer en la monotonía y la uniformidad estaba muy cercana. Por otra parte, más que el amiguismo tal vez habría que temer el corporativismo de unas comisiones que si bien también dependían en su composición de la discrecionalidad del ICAA no dejaban de plantearse vinculadas a la presencia de diferentes sectores de la industria, con una visión muchas veces más funcionalista —dar trabajo y negocio a la industria— que finalista, es decir, menos preocupadas por el cariz final de los productos que por su simple existencia.

Una actitud ministerial como la que respaldaba la política iniciada por Pilar Miró significaba, por otra parte, traspasar a un ámbito en principio cultural, unos principios de rentabilidad no siempre coincidentes e incluso incompatibles. En una reducción al límite, hubo quien no sin cierta lógica pidió que la política de protección industrial se trasladase al Ministerio de Industria, quedando para Cultura exclusivamente el componente «cultural» del asunto. Con ello, se podían aplicar criterios de rentabilidad inmediata a las subvenciones sin necesidad de coartadas culturalistas y, en todo caso, volcar la acción del ICAA hacia aquellos empeños que según su pretensión artística requiriesen algún tipo de mecenazgo. Con ello se eliminaba la injusticia de poner en el mismo saco propuestas supuestamente solventes desde el punto de vista industrial —y por tanto incluso muy dignas—, pero inanes artísticamente, aun siendo imprescindibles para el mantenimiento de la industria, con aquellos raros especímenes mucho más arriesgados e innovadores estéticamente, que no hacían de su comercialidad un aspecto esencial, pero que sin embargo permitían elevar el valor cultural del cine español y su capacidad de riesgo estético. Y es que muchas veces se olvida —aún hoy— que una pequeña cinematografía como la española y en una época como la actual, en la que mundialmente las posibilidades de los subproductos son muy reducidas, sólo puede tener algún mercado extranjero en función de su prestigio artístico; siendo imposible competir con las grandes producciones comerciales, hay que moverse en el terreno de los circuitos más culturales («arte y ensayo» y similares).

La coyunturalidad de la política proteccionista se demostraba al comprobar su dependencia inmediata de la taquilla, no sólo en la real repercusión del volumen de dinero no devuelto, sino en el desprestigio global que recibía al no corresponder los resultados a las expectativas. Ejemplo inequívoco de ello fue el fracaso de la producción de la temporada 1984/1985, en la que por primera vez in-

cidía la nueva política socialista. Recordemos que de las 26 subvenciones de 1984 (por un total de 695 millones para unos costes
globales de 1902 millones, con un promedio de ayuda del 36,55 %),
se dieron tres renuncias a la subvención, algunas prórrogas y la no
consecución de la mitad de los proyectos que sólo habían recibido
una ayuda del 20 %, siendo significativo que entre estas últimas
sólo se acabasen las que estaban autoproducidas por sus directores
(*El anillo de niebla*, *Luna de agosto* y *Sáhara*). El reparto había
significado que cuatro títulos recibían hasta un 50 % de subvención, ocho más alcanzaban un 40 % y 7 se quedaban en el 30 %.
Del primer grupo, sólo *Tasio*, de Montxo Arméndariz y producción Querejeta, devolvió la ayuda en noviembre de 1986 (lo que no
consiguieron *El caballero del dragón*, *Luces de bohemia* y *Extramuros*), mientras que sólo se recuperó el dinero avanzado de tres
del segundo grupo —*La corte del faraón*, de García Sánchez, *Padre nuestro*, de Paco Regueiro, y *Réquiem por un campesino español*, de Betriu—, siendo pues dieciocho de las veintidós finalmente
producidas las que no consiguieron amortizar las ayudas presta-
das, no pasando pues del 18 %.

Esos mismos resultados iniciales no hacían más que apoyar la
preeminencia de un equívoco concepto de calidad y riesgo comercial, dentro de un entramado de limitaciones, supuestas segurida-
des y coartadas de todo tipo, que a la postre se definirían como
insustanciales. Ni una obra literaria conocida como referente argumental —caso de *Luces de bohemia* (M. A. Díez, 1984) o *La casa
de Bernarda Alba* (M. Camus, 1987)—, ni un *cast* de primeras figuras patrias —véase *Fuego eterno* (J. A. Rebolledo, 1985), con Imanol Arias y Ángela Molina—, ni un éxito inmediatamente anterior
del mismo director, como el Camus de *La vieja música* (1985), respecto a *La colmena* (1982) o *Los santos inocentes* (1984), eran elementos suficientes para garantizar ningún resultado determinado.

Tampoco sería justo, sin embargo, limitarse a ese inconformis-
mo estético y económico respecto al resultado de la política que
define el cine español de los años ochenta. No se puede negar que
con las ayudas otorgadas y la disminución de la producción se con-

siguió elevar un cierto nivel medio de los productos; es decir, incluso los peores aparecían técnicamente más solventes y con una producción más cuidada; ni una lágrima debemos derramar por los subproductos desaparecidos. Ciertamente había más dinero para gastar, aunque no siempre se supiese hacerlo de la forma más oportuna y coherente; sirva de ejemplo en esos primeros tiempos de la nueva política el despilfarro —de todo, salvo de ideas— de *El caballero del dragón* (1985), de Colomo. Eso sí, una especie de obsesión recorría muchos de esos productos: la homologación con cierto *standard* productivo internacional, en pos de una imposible competitividad exterior, donde a falta además de canales de penetración sólidos, lo único que podía cotizarse era la especificidad y no la uniformidad.

De hecho, esa cuestión de la promoción internacional —que ya dijimos era un aspecto central del programa Miró— permanecería eternamente como una asignatura pendiente, pese a los indudables esfuerzos desarrollados. La ofensiva promocional se centró en primer lugar en la asistencia a los festivales internacionales, donde no faltaron éxitos como el de *Los santos inocentes* en Cannes (reeditando los premios de interpretación masculina de *Pascual Duarte* y *Elisa, vida mía*); los de *Stico* (1984), de Armiñán, *El año de las luces* (1986), de Trueba, y *Beltenebros* (1992), de Miró, en Berlín (donde en la etapa anterior ya habían triunfado *El anacoreta*, *Las truchas*, *Las palabras de Max* y *Deprisa, deprisa*); y los de *Padre nuestro* y *Mi general* (1987), de Armiñán, en Montreal; sin olvidar —por supuesto— el óscar al mejor filme extranjero de *Volver a empezar* (1982) o el Premio Europa al mejor realizador joven para *Mujeres al borde de un ataque de nervios* (1988), de Almodóvar.

Un segundo aspecto vino dado por la celebración de semanas y ciclos de cine español en algunas de las principales ciudades mundiales, consideradas como focos de atención capaces de ayudar a la apertura de mercados. Así se sucedieron las presencias españolas organizadas por el Ministerio y luego el ICAA en Nueva York, Tokio, Buenos Aires, París, etc. Pero esta actividad netamente «cultural» en raras ocasiones logró concretarse comercialmente, en buena

El año de las luces (1986), de Fernando Trueba

parte por falta de los canales adecuados; y también por un problema de aún más difícil resolución: la ausencia de contrapartidas o
reciprocidad. Dejando el caso del cine americano, que ya tiene sus
propios medios de difusión —salvo en lo referente al cada vez más
importante cine independiente, de tonalidad bastante «europea»—,
las demás cinematografías apenas han interesado a los distribuidores y exhibidores españoles, de tal forma que a lo largo de la década de los ochenta se ha ido perdiendo, salvo en los circuitos de «arte
y ensayo» —y aún—, la presencia de cine italiano o francés, por
no hablar del cine latinoamericano o de otras cinematografías mi-
noritarias. ¿Cómo vender nuestro cine a unos países de los que no
estamos dispuestos a comprar su cine? Esa reflexión ha sido muy
pocas veces asumida por nadie, ya que todos prefieren lamentarse
de la ineficacia oficial y la incomprensión extranjera antes de abordar causas mucho más profundas.

No hay que olvidar, por otra parte, que en buena medida la política iniciada por Pilar Miró tenía como horizonte el pleno desarrollo de la unificación europea, la necesidad de sanear y fortalecer la industria cinematográfica española —aún redimensionándola a la baja— frente al mercado abierto. Luego se ha visto que la incidencia de la unidad europea no ha influido —hasta el momento— en exceso sobre la marcha del cine nacional, aunque en algunas ocasiones cineastas españoles hayan podido lograr alguna que otra ayuda de los diversos programas comunitarios puestos en funcionamiento.

Contradictoriamente con esas intenciones, el gobierno socialista no abordó de forma decidida las medidas precisas para un adecuado control del mercado audiovisual español. Desde la considerable piratería en vídeo —decreciente al llegar los años noventa—, hasta su exhibición incontrolada en lugares públicos, pasando por los vídeos comunitarios o la regulación adecuada de los diversos niveles de comercialización de los productos cinematográficos (salas, vídeo, televisión, etc.), todos esos considerables problemas —por su valor intrínseco, pero sobre todo por lo que significaban en el cambio de usos y actitudes respecto al cine— no fueron más que tímidamente tratados desde la administración, en una enésima demostración del interés monotemático por el sector de la producción, entendido claro está como la posibilidad de hacer películas, pero mucho menos en cuanto a la necesidad de amortizarlas correctamente.

Con esta última preocupación como motivación, también resultó extraña la incapacidad gubernamental para racionalizar la enseñanza cinematográfica en sus diferentes niveles, por ejemplo con la periódicamente cacareada Escuela de Cine, una vez experimentada la imposibilidad de que la vía de la rama de imagen de Ciencias de la Información pudiera suplir su inexistencia, camino básico no sólo para la formación de nuevos creadores y técnicos, sino para ahorrar probaturas y experiencias sobre la marcha dentro del terreno industrial, que en su frustración implicaba continuos retrocesos de una política supuestamente encaminada a promover la aparición de nuevos realizadores, pero que por ejemplo tan poca atención ha prestado al ámbito del cortometraje. Y aún había consecuencias más perniciosas de esa actitud, como el hecho de que muchos de los debutantes empezasen su labor mucho más obsesionados por lograr su problemática inserción en la industria, con el conformismo y la tendencia a la mera reiteración de los modelos de éxito instaurados (pensemos en las múltiples comedietas), que no con la voluntad de demostrar una inquietud estética personal, única justificación de aquel apoyo, puesto que para hacer cine «viejo» no hacen falta realizadores «nuevos». Evidentemente, aparecerán excepciones sobre esa tónica, pero serán las menos, y la irregularidad de los resultados globales obtenidos no justifica lo perdido en el proceso.

Para acabar este repaso, digamos que pese a la proclamada fundamentación del apoyo al cine español en su carácter de bien cultural, la política socialista en el ámbito de lo que se conoce como cultura cinematográfica ha sido prácticamente nula. La progresiva desaparición del movimiento cineclubístico, la lenta y laboriosa puesta al día de la Filmoteca Española, el escaso apoyo a la investigación histórica y teórica, la falta de apoyo al raquítico panorama de la prensa y la edición especializadas, el nulo interés por la enseñanza audiovisual y la divulgación cinematográfica en todos los niveles y ámbitos de la enseñanza, etc., son otros tantos déficits de todo el período socialista, que así apenas se ha diferenciado de períodos anteriores.

2. Cine y televisión: una convivencia obligada

Las relaciones entre la industria del cine y la televisión en España han pasado, a lo largo de la década de los ochenta, por diversas vicisitudes. De entrada cabe recordar que ese período ha contemplado el doble final del monopolio de RTVE: primero mediante la aparición de la red de televisiones autonómicas (Cataluña, País Vasco, Galicia, Andalucía, Valencia...); luego con la autorización de las cadenas privadas de televisión, que rompían el tradicional carácter público —esto es, «oficial»— de la televisión en España. En apariencia, tal situación debía resultar muy favorable al cine español por diversos motivos: una mayor competencia por la adquisición de los derechos de emisión, una multiplicación de los posibles entes a intervenir en la producción cinematográfica o específicamente televisiva (telefilmes, series, etc.), una ampliación de las posibilidades laborales para los profesionales audiovisuales (recuérdese que una parte muy importante de los directores de cine españoles eran al mismo tiempo realizadores de plantilla en TVE, lo cual repercutía, por ejemplo, en la mayor facilidad de subsistencia en Madrid, que no en Barcelona) e incluso un incremento de las posibilidades de promoción del cine español mediante programas especializados o publicidad. Sin embargo, la experiencia hasta el momento presente ha resultado menos espectacular y más frustrante de lo que se preveía, entre otras cosas porque las televisiones autonómicas —no menos oficiales que TVE— han heredado muchos de sus vicios y burocratismos.

Las relaciones entre cine y televisión se establecen en diferentes niveles, a los cuales merece la pena dedicar alguna atención, analizando a su vez cómo han sido asumidas por la industria y TVE en sus diversos acuerdos, firmados en 1983, 1987 (tras una ruptura de las gestiones para la renovación en 1984 y la prórroga del acuerdo de 1983, ahora con Pilar Miró como directora del ente RTVE), 1988, 1989 y 1990 respectivamente, ya que, en el caso de las autonómicas, los criterios no han sido muy distintos. Hay que decir que los interlocutores de tales acuerdos no han sido siempre los mismos. En algún caso fueron los representantes de la producción (1983 y 1988), en otros el ICAA (convenio de 1989) y finalmente el CUICA (Comité Unitario Interprofesional del Cine y el Audiovisual), como en 1990.

La forma más simple de colaboración es la emisión del *stock* existente de cine español, donde la búsqueda progresiva de la máxima rentabilidad y audiencia —necesaria en la medida en que el incremento de la oferta radicaliza la competencia— ha hecho rebajar continuamente los mínimos de calidad, en busca del público más amplio, aunque para ello se vaya prestando cada vez más atención al subcine franquista y sus derivados posteriores, en una brutal contradicción respecto a la política «de calidad» del cine promocionado en esos mismos momentos por la administración, provocando una especie de esquizofrenia en el espectador. Por otra parte, la caída de asistencia a las salas que proyectan cine español por parte de una mayoría del público, coincide con ese aumento de la oferta audivisual, vía televisión o vídeo. Sin embargo, la fuerte competencia que para la exhibición cinematográfica ha significado la oferta televisiva, apenas se ha visto compensada con la contribución a la industria mediante su producción filmada, puesto que ni la mayor parte de las televisiones autonómicas —con la relativa excepción de TV3—, ni las privadas han tenido una incidencia apreciable en ese aspecto.

La emisión del cine español en TVE fue regulada en el convenio de 1983, estableciéndose una cuota de pantalla de 4×1, más un total de 25 cortometrajes anuales, por tanto con un considerable incremento respecto al 10×1 que se había marcado años antes. Luego, en 1987 se aumentó al 3×1. En 1988 se adoptó otra fórmula, con una cuota fija de 140 largometrajes al año, pero en el convenio entre RTVE y el ICAA de 1989 se pasó a un porcentaje del 50 % dentro del 40 % del total reservado a producciones comunitarias, impidiendo además la emisión de filmes con menos de dos años desde su producción, salvo en aquellos producidos directamente para TVE o con una participación de ésta mayor del 30 %.

El segundo aspecto considerado en ese convenio fueron las tarifas de emisión, en función de una serie de variables conexas con el año de producción y el hecho de ser en blanco y negro o color. Ya en 1981 un representante de la producción, Cuevas, y el director general del ente, Castedo, se habían entrevistado para establecer un acuerdo de aumento de tarifas entre el 40 y el 60 %, pero la sustitución de Castedo por Robles Piquer paralizó las negociaciones. En 1983 se acordó que las tarifas oscilasen entre un mínimo de 500.000 pesetas y 5 millones, aunque los filmes más recientes —desde 1980— requerían una negociación particular. En 1987 las tarifas subieron entre el 10 y el 20 % y luego fueron sucesivamente revisadas.

La segunda vía de apoyo televisivo al cine es la compra de derechos de antena, es decir, la compra durante el proceso de producción de los derechos de emisión del filme cuando esté acabado. En 1983 se estipuló que la emisión debía diferirse dos años respecto al estreno en sala, y que los derechos debían alcanzar un mínimo de 18 millones (siendo extensibles a cualquier canal público o privado, nacional y mundial). Los derechos se extendían la friolera de 30 años, debiendo esperarse dos años entre el primer y segundo pase, siendo luego su emisión discrecional, y obligaban a la entrega de una copia *standard* (con altas exigencias de calidad: iluminación, talonaje, sincronización, etc.) y garantizar la posibilidad de obtener nuevas copias más adelante. En 1987 la tarifa mínima ascendió a 25 millones, para un presupuesto superior a los 70 millones, y se redujo la vigencia hasta los siete años, pero en 1988 aún disminuyó más, quedando en tres años.

La tercera posibilidad son las llamadas producciones asociadas o el puro arrendamiento de los servicios de las productoras cinematográficas. El primer acuerdo establecía que las productoras trabajaban con un beneficio del 15 % sobre el coste de la producción, si bien el filme —o la serie— era propiedad íntegra de TVE (incluidos los derechos para vídeo), además de no impedirse la posibilidad de que la contribución del ente con material o equipos técnicos aminorase el presupuesto. Consecuencia de esa propiedad era la presencia de un delegado de TVE en la producción, como supervisor del proceso. También se anotaba las formas de pago: un 15 % tras la firma del contrato, un 55 % del importe medio de cada capítulo tras el visionado de un episodio y un 30 % a la recepción de cada capítulo (o del filme entero cuando se trataba de eso); a tener en cuenta una multa por cada día de retraso en la entrega, así como la exigencia de dos copias *standard*, de material técnico y publicitario y de garantías sobre el derecho a los textos y músicas.

El acuerdo entre RTVE y el ICAA de 1989 era mucho más ambicioso, puesto que suponía la inversión de 2000 millones sólo en

1990 para películas de coste inferior a los 200 millones, entendiéndose el 50 % de esa inversión como derecho de antena. Al tiempo, se acordaban inversiones en otras producciones audiovisuales de ficción por valor de 10.000 millones en ese mismo año, de los cuales un 30 % debía ser producido por empresas independientes del ente público. Lamentablemente, estos acuerdos —que se ampliaban a la creación de un centro nacional de formación y desarrollo profesional audiovisual (al que el ICAA contribuiría con 500 millones)— nunca fueron cumplidos, sin que haya pasado nada por ese incumplimiento. Como tampoco se cumplió el acuerdo —muy parecido— con el CUICA de 1990, que ampliaba los 10.000 millones hasta 12.000, siempre con la coartada de la creciente crisis económica del ente televisivo, pero demostrando una vez más la desgana con que RTVE asumía esa labor entendida como subsidiaria, fruto de la mala conciencia y no de la convicción de la deuda que la televisión tiene con el cine, del cual se alimenta en gran medida. Por otra parte, cuando las colaboraciones se han llevado a término ha sido dentro de una muy escasa propensión al riesgo, sujetas a los esquemas generales de «calidad» y a las adaptaciones literarias, con raras excepciones en las que se ha contado con algunos de los cineastas más inquietos (Zulueta, Martínez Lázaro, Ganga, etc.). De todas formas, la implantación y mantenimiento de los derechos de antena, perfectamente compatibles con las subvenciones del ICAA, ha sido absolutamente decisiva para la supervivencia del cine español del último decenio. A esa política de promoción se ha ido uniendo la potente TV3 catalana y la televisión vasca, en forma complementaria también a la labor de las respectivas administraciones autonómicas, pero apenas se ha extendido en las mucho más débiles cadenas autonómicas restantes.

Otros aspectos habitualmente asumidos en los diferentes convenios estaban referidos a la promoción televisiva del cine español, incluyendo reducciones en las tarifas publicitarias; el suministro de material de archivo; la comercialización internacional de producciones cinematográficas; la promoción del cortometraje; etc. En definitiva, las relaciones entre industria cinematográfica y televisiones en España han estado siempre marcadas por la cicatería y la desconfianza, carentes de una base de comprensión común (salvo tal vez en el paso de Pilar Miró por el ente televisivo), desentendiéndose en televisión de la brutal competencia que significan a la exhibición en sala, más aún cuando no se restringen ni días ni horas de emisión, como ocurre en otros países, al menos en las televisiones públicas. Por otra parte, incluso desde unos criterios comerciales, esa actitud es incoherente, puesto que sin duda, los grandes éxitos de audiencia del cine en televisión los obtienen aquellos productos que han logrado el éxito en las salas, ya que son éstas las que implican una promoción insustituible para los futuros productos televisivos. Lejos, pues, de la dádiva o limosna, la presencia televisiva debería entenderse como una redistribución de las vías de comercialización de la producción audiovisual que contribuye a su propio beneficio.

3. Las micropolíticas autonómicas

Como ya habíamos señalado, aunque los cines autonómicos habían empezado su andadura ya en los tiempos del tardofranquismo, fue a partir de principios de los años ochenta cuando la estructura autonómica del Estado derivada de la Constitución ya empezó a quedar establecida. Lógicamente, aquellas nacionalidades que más pronto y con mayor intensidad accedieron a la competencia en las áreas afectadas por la industria cinematográfica fueron las más favorecidas para su despegue; por tanto, debemos referirnos fundamentalmente, de nuevo, a los casos catalán y vasco, si bien la voluntad de intervención política fue muy diversa en un caso y otro, tal vez porque en el segundo se debía compensar un déficit mucho mayor, mientras que en Cataluña —mal que bien— ya existía una dinámica industrial. Pero también pudo haber otras motivaciones en esa diferente actitud: mientras que para los grupos dominantes políticamente en Cataluña primaban los aspectos lingüísticos en su actividad cultural, en el País Vasco las dificultades inherentes a su lengua —mucho menos difundida y de acceso más laborioso, hasta el punto de promover una cadena televisiva en castellano— apoyaban la necesidad de otras señas de identidad, que por ejemplo podían llegar a través de la promoción de un «cine vasco» internacionalmente reconocido.

En febrero de 1981 la Generalitat de Cataluña recibió los traspasos cinematográficos, en función del régimen de competencias plenas culturales, con dos excepciones que iban a resultar especialmente conflictivas: la Filmoteca y el Fondo de Protección; dos meses después se nombraba al supuesto historiador Miquel Porter como responsable del Servei de Cinema de la Generalitat. Sin intentar seguir pormenorizadamente la política cinematográfica catalana, podemos resaltar algunos de sus rasgos más definidos, comenzando precisamente por las consecuencias de esas dos excepciones citadas. El no traspaso de la parte alícuota del Fondo de Protección generada en Cataluña significaba desde el punto de vista de la administración central el impedir el desmembramiento del cine español, además de la imposibilidad de operar en el mismo sentido respecto a las restantes autonomías, algo que hubiese significado la desaparición del fondo, de una política global para el cine español, y la conversión del cine español en definitivo reino de taifas. Pero también es comprensible que desde la perspectiva catalana, la carencia de ese dinero generado por la propia industria del cine impedía desarrollar una completa política autónoma de protección al cine catalán, salvo que el dinero procediese del conjunto de los fondos de la Conselleria de Cultura.

Como consecuencia de esa limitación económica, la política catalana ha sido menos intensamente proteccionista, o bien se ha movido en el terreno de otro tipo de apoyos: becas para elaborar guiones (las primeras concedidas en julio de 1985); promover las relaciones con TV3 (con sendos convenios entre productores y TV3 en julio de 1984 y agosto de 1986); subvención del doblaje al catalán de las películas rodadas en Cataluña (incluidas hasta las «S»); conceder anualmente —desde 1982— los premios cinematográficos de la Generalitat, dotados en metálico a los mejores filmes, di-

rectores, intérpretes, etc.; promover —junto al Ayuntamiento barcelonés y la Caixa de Barcelona— el *Noticiari de Catalunya* (del
que se harían ocho números); el aval de créditos a través del CA-
RIC de entre el 15 y el 22 % del coste total (que tuvo su ocaso con
el fracaso rotundo de *Victoria*, de Ribas); el intermitente desarrollo de una política de doblaje al catalán de filmes extranjeros, iniciada en abril de 1981 con *L'home elefant* (The Elephant Man, 1980),
dentro de una campaña de normalización lingüística, pero que a
pesar de sus diversas fases, nunca ha logrado que los estrenos en
catalán pasasen de ser una rareza subvencionada; etc.

Todas esas medidas no han logrado, sin embargo, dar una continuidad y estabilidad definitivas a la producción catalana, ni desde una perspectiva industrial, ni mucho menos estética. Es evidente que ha habido altibajos, con momentos críticos, como cuando
el premio al mejor filme catalán de 1983 quedó desierto; o con la
crisis de algunas productoras, como Figaro Films o Producciones
Viciano, aunque ninguna de las principales productoras catalanas
se limiten a producir filmes en catalán, sino que intentan imbricar-
se en la producción española (pensemos en películas de Aranda,
Bigas Luna, Herralde, etc.), mientras que precisamente aquellos filmes más directamente dirigidos al público catalán (pensamos en
Bellmunt, Ventura Pons, Ribas, Abril, etc.) no tienen la menor repercusión fuera de los límites de Cataluña... Consecuencia de ello
es que en muchas ocasiones fuese la actividad de los propios cineastas la que buscase alternativas ante la mortecina acción oficial. En esa línea cabe recordar el nacimiento del autodenominado
Col.legi de Directors de Cinema de Catalunya en enero de 1985,
simultáneamente al intento de un amplio grupo de cineastas debutantes en el largometraje de constituirse como «Nous Realitzadors»,
dentro de un proyecto global de producción que sólo muy parcialmente logró concretarse. Al Col.legi se le debieron, básicamente,
dos iniciativas importantes para el cine catalán de esos años: la creación en mayo de 1986, con el beneplácito de Méndez Leite, de una
subcomisión de valoración destinada a los proyectos específicamente
catalanes; y la constitución de la Oficina Catalana del Cinema, di-

rigida a la promoción del cine catalán, con muy especial atención hacia el nuevo marco institucional europeo, aunque luego las discrepancias internas significaran la ruptura entre ambos organismos y la práctica desaparición de la segunda.

Pero hay dos aspectos que no debemos rehuir: la repercusión de ese cine autóctono —dentro de lo que cabe, puesto que en él abundan técnicos e intérpretes no catalanes— sobre su propio público natural; y la auténtica entidad comercial y artística de unos filmes que en ningún momento han logrado más que alguna resonancia aislada fuera de las fronteras catalanas. En el primer sentido, hay que decir que son muy raros los filmes catalanes de los últimos diez años que hayan obtenido una acogida comercial importante, muchísimos menos que aquellos que pasaron sin pena ni gloria o que incluso ni llegaron a estrenarse.

Cuando supuestos valores sólidos del cine catalán como Antoni Ribas se han ido estrellando sucesiva —y merecidamente— con títulos como *Victoria* (1983), *El primer torero porno* (1985) o *Dalí* (1990), digamos que la fracción más «profesional», más afín a un cine comercial y popular (que muchas veces se transforma en banal y populista), ha sido sostenida básicamente por la obra de Francesc Bellmunt y Ventura Pons. El primero tal vez es el ejemplo de mayor persistencia y continuidad dentro del cine catalán, aunque con una gran irregularidad estética; tras sus éxitos de finales de los setenta, en los albores del cine catalán —con *L'orgia, Salut i força al canut* (1979) y *La quinta del porro* (1980)—, ha proseguido su trayectoria alternando comedias de cierta eficacia —*Pa d'angel* (1983), *Un parell d'ous* (1984), *La radio folla* (1986), *Rateta, rateta* (1990)—, con un par de *thrillers* —*El complot dels anells* (1987) y *Un negre amb un saxo* (1988)—, todo ello, pues, en el espíritu de un cine de género y destinado al público juvenil. Precisamente el mismo público al que se han ido destinando los filmes de Ventura Pons, que tras su debut con el sorprendente *Ocaña, retrat intermitent* (1978) y el notable éxito de público de *El vicari d'Olot* (1981), abordó también la comedia urbana costumbrista en *La rossa del bar* (1986), para desde la buena acogida comercial de *Puta miseria*

(1988), centrarse en una comedia juvenil facilona y estrictamente doméstica, con títulos como *Que t'hi jugues Mari Pili?* (1991) y *Aquesta nit o mai* (1992). Lamentablemente, el modesto éxito de estas películas, que cuentan con el apoyo que significa la presencia de figuras televisivas locales, ha generado un pequeño aluvión de ínfimas comedietas juveniles que han centrado la labor incluso de diversos debutantes carentes de cualquier ambición e interés.

No es fácil señalar otros títulos catalanes que a lo largo de diez años hayan logrado un cierto favor del público. Citemos entre ellos filmes como *Laura a la ciutat dels sants* (1986), de Gonzalo Herralde; *Angoixa* (1986), de Bigas Luna; *L'escot* (1986) y *La teranyina* (1990), de Antoni Verdaguer; *Puzzle* (1986), de Luis José Comerón; *Daniya* (1987), de Carles Mira; *La senyora* (1987), de Jordi Cadena; *Sinatra* (1988), de Paco Betriu; y *Boom, boom* (1990), de Rosa Vergès. Pero junto a ellos se alinean filmes de fallida acogida como los de Albert Abril, Ignasi P. Ferré, Ferrán Llagostera, Raúl Contel, Jordi Bayona, Carles Balagué, Carles Benpar, Santiago Lapeira, Simó Fábregas, J.A. Salgot, Isabel Coixet, Enrique Alberich, etc., que cuando han logrado estrenarse —con retraso de años en muchos casos— no han cubierto más que un número miserable de días de programación. Ello fue hasta tal punto que hubo intentos desesperados por parte de la Generalitat, como el alquilar un cine de estreno barcelonés para programar exclusivamente cine catalán; el fracaso de ese intento de mantener un *ghetto* para la producción autóctona fue tan absoluto como sonado.

La única esperanza motivada por el reciente cine catalán ha venido dada por algunos nuevos realizadores que en cierto modo se han mantenido en una cierta tradición de cine independiente y personal, más allá de cualquier obsesión nacionalista. Con la presencia señera de un recuperado Pere Portabella, que retornó al cine con la notable *El pont de Varsovia* (1990) y que significa el entronque con los tiempos de la Escuela de Barcelona y el cine independiente de los primeros setenta, hay que recordar nombres y filmes como los de José Luis Guerín —*Los motivos de Berta* (1984) e *Innisfree* (1990)—, Agustí Villaronga —*Tras el cristal* (1986) y *El niño de la luna* (1988)—, Jesús Garay —*Més enllà de la passió* (1986) y *La banyera* (1990)—, Gerard Gormezano —*El vent de l'illa* (1988)—, Manel Cussò —*Entreacte* (1988) y *L'última estació* (1992)—, Manuel Huerga —*Gaudí* (1988)— o Lluis Aller —*Barcelona lament* (1990)—, a los que cabría añadir dos debutantes como Antoni Chavarrías —*Una ombra al jardí* (1988) y *Manila* (1991)— y Rosa Vergés, que sin renunciar a sus pretensiones autorales buscan un público mayoritario.

Distinta es la perspectiva desde la que se acostumbra a afrontar la marcha del cine vasco. Detentador desde septiembre de 1980 de las competencias cinematográficas, ya en 1981 la Consejería de Cultura inició una actividad de subvención a fondo perdido del hasta entonces incipiente cine vasco, apoyando dos filmes —*La fuga de Segovia*, de Imanol Uribe, y *Siete calles*, de Javier Rebollo y Juan Ortuoste—, que fueron lanzados desde la plataforma del Festival de San Sebastián. Como ya vimos, existía desde unos años antes una menguada producción vasca de largometraje, pero sin apenas repercusión en el mercado interior y menos en el resto de España. Teniendo en cuenta que el cine vasco no podía —como ocurriera con el catalán— fundamentarse sobre todo en la lengua, dada la menor penetración del euskera, y considerando que su mercado inmediato era aún menos poderoso que el catalán, parecía claro que un posible cine vasco debía abrirse a la competitividad exterior si quería existir. Para ello se intentó sobre todo captar a aquellos cineastas instalados en la industria madrileña, junto con la promoción de nuevos autores locales, ofreciéndoles unas condiciones lo suficientemente ventajosas como para arrastrarles a Euskadi.

La política de ayudas a la producción partía de una serie de condiciones, no excesivamente exigentes, a cumplir por los aspirantes a las ayudas: rodaje en 35 mm., que otorgaba un cariz profesional a los proyectos; localización de exteriores en el País Vasco; equipos formados con una base importante —cerca del 75 %— por profesionales residentes en el País Vasco; existencia de una copia en euskera de aquellos filmes no rodados en esa lengua, a disposición de la Consejería de Cultura... A cambio, la administración vasca ofrecía una ayuda a fondo perdido de hasta el 25 % del presupuesto del filme, perfectamente compatible con otras ayudas ministeriales y televisivas, además de promoción internacional.

El resultado inicial de esa política fue realmente espectacular, al dotarse entre 1981 y 1987 unas 23 ayudas a otros tantos proyectos realizados. Aun en su limitado número, lo cierto es que dio la sensación de una pequeña avalancha de cine vasco, convertido en una de las puntas de lanza del cine español, bien fuese por el retorno a su tierra de diversos realizadores vascos —caso de Olea, Ungría, Zorrilla, de la Iglesia—, o por la difusión estatal de algunos valores formados allí, entre los que Imanol Uribe y Montxo Armendáriz fueron los más significados, aunque no los únicos. En realidad, los filmes que funcionaron a plena satisfacción en el mercado estatal no fueron muchos —sobre todo *La muerte de Mikel* (1983), de Uribe, y *Akelarre* (1983), de Olea—, pero crearon un clima favorable de interés, que presuponía una homogeneidad del cine vasco en verdad inexistente. Por supuesto que junto a la acción del gobierno autonómico habría que situar la colaboración de la televisión vasca (ETB) y la propia vertebración del sector de producción, por ejemplo con la constitución en diciembre de 1983 de la Asociación Independiente de Productores Vascos. Tal vez esa sensación de bloque venía ayudada además por la preeminencia de dos series de temas: la historia más o menos remota y la actualidad en torno al problema del terrorismo y sus repercusiones en la sociedad vasca.

La vertiente historicista arrancó de la citada *Akelarre*, transparente parábola sobre la tensión entre centralismo y libertad, a la que siguieron con mucha menos fortuna comercial otros títulos que abarcaban temas desde la Edad Media —*La conquista de Albania* (1983), de Ungría; *Viento de cólera* (1988), de Pedro Sota— hasta la guerra civil —*A los cuatro vientos* (1987), de José Antonio Zorrilla—, pasando por el siglo XVII de *Fuego eterno* (1985), de José Angel Rebolledo, o las guerras carlistas en *Crónica de la guerra carlista* (1988) y *Santa Cruz, el cura guerrillero* (1991), de José Mª Tuduri. Por la otra parte, la serie sobre la vida cotidiana en un

Alas de mariposa (1991), de Juanma Bajo Ulloa

Tasio (1984), de Montxo Armendáriz

País Vasco sujeto a la violencia terrorista arrancaba de los dos primeros filmes de Imanol Uribe —*El proceso de Burgos* (1979) y *La fuga de Segovia* (1981)—, que culminaba su trilogía con *La muerte de Mikel*, posiblemente la mejor aportación fílmica al asunto; luego Uribe perdería pulso con un *film noir, Adiós pequeña* (1986), de casi nulo interés, antes de integrarse plenamente en el cine estatal, donde obtendría un gran éxito con *El rey pasmado* (1991). Dentro de esos territorios espinosos se situaron otros títulos, como *Los reporteros* (1983), de Iñaki Aizpuru; *Golfo de Vizcaya* (1985), de Javier Rebollo; *El amor de ahora* (1987), de Ernesto del Río; y *Ander eta Yul* (1988), de Ana Díez; a reseñar que todos esos realizadores eran debutantes cuando abordaron esos proyectos, generalmente más arriesgados que logrados, pero siempre con la ambición de responder al problema más señalado de su sociedad, al que se sumaría más tarde otro veterano «repescado», Antón Eceiza, con su *Días de humo* (1989).

Las dos series citadas no dejaban de marcar al cine vasco con una vitola de seriedad y profundidad, pero ciertamente no han faltado otro tipo de productos: adaptaciones literarias de «calidad» y muy relativo interés, como *Otra vuelta de tuerca* (1986), de Eloy de la Iglesia; comedias más o menos alocadas como *Siete calles*, de Rebollo y Ortuoste; *Tu novia está loca* (1987), de Enrique Urbizu; *El anónimo... ¡vaya papelón!* (1990), de Alfonso Arandia; *No me compliques la vida* (1991), de Del Río; o *thrillers* como el interesante *Todo por la pasta* (1991), de Urbizu. Dentro de esa larga serie de promesas y nuevos valores surgidos en el cine vasco de los ochenta, sin duda que Montxo Armendáriz —con la ayuda de otro oriundo, Elías Querejeta— ha sido el de mayor alcance con sus dos primeros filmes —*Tasio* (1984) y *27 horas* (1986)—, aunque luego aflojara bastante con *Las cartas de Alou* (1990); pero a su lado cabe alinear otras promesas como Julio Medem, autor de *Vacas* (1992), y sobre todo, Juanma Bajo Ulloa, cuyo *Alas de mariposa* (1991), a pesar de numerosos titubeos, es una de las más notables *operas primas* de los últimos años abarcados aquí, tal como anotó al premiarla un sorprendido Festival de San Sebastián.

Pese a esa notable capacidad de promover nuevos cineastas, no se puede negar que en los últimos tiempos el empuje del cine vasco ha decrecido sensiblemente, tanto porque al haberse amparado en el «efecto moda» se planteaba una vigencia limitada, como por el hecho de que la acción proteccionista no podía, tal como estaba planteada, intervenir de forma profunda en las coordenadas estructurales del cine en el País Vasco. Siendo las subvenciones a fondo perdido, y por tanto no vinculándose con el auténtico rendimiento en taquilla de los filmes, se estaba ayudando a la existencia pero no a la mejor difusión de un cine vasco absolutamente dependiente de la iniciativa oficial, respecto a la cual la privada siempre se ha mantenido a remolque.

Echando un vistazo al resto del mapa autonómico español, no cabe deslindar grandes empresas dentro de la expresión cinematográfica. De un lado, la mayor parte de las restantes autonomías carecían de infraestructuras y fondos —además de voluntad política— como para asumir los empeños de vascos y catalanes, tal vez con la excepción en los últimos años de Galicia y, en menor medida, de las comunidades valenciana, andaluza y canaria. Sin embargo, los intentos desarrollados no pasan de ser empresas muchas veces testimoniales, sin continuidad y completamente subordinadas a la ayuda oficial, entre otras cosas porque en ninguna ocasión han alcanzado la menor repercusión fuera de los estrechos límites de su comunidad; y a veces ni dentro de ellos. En Valencia no deja de ser meritoria la tozudez de Carles Pérez Ferré, que junto con las episódicas apariciones valencianas del ya fallecido Carles Mira, parece monopolizar —fracaso comercial tras otro— el empeño del cine valenciano. Ni *Héctor, l'estigma de la por* (1982), ni *Quimera* (1987) o *Tramontana* (1991) tuvieron la menor repercusión, más allá de su valor intrínseco, no inferior al de tantos otros filmes con una relativa carrera comercial. Por su parte, los hermanos Ríos intentaron relanzar el casi nonato cine canario con *Guarapo* (1989), pero prácticamente no tuvo ni estreno en las salas peninsulares. La campaña gallega fue tan intensa como efímera, puesto que recogiendo nombres prestigiosos del cine independiente y del vídeo se promovió en 1989 una serie de filmes que tampoco tuvieron la menor repercusión pública y con ello ninguna continuidad: *Urxa* (1989), de Alfredo García Pinal; *Sempre Xonxa* (1989), de Chano Pineiro; y *Continental* (1989), de Javier Villaverde. En definitiva, se debe entender que promover una cinematografía autonómica no consiste sólo en encontrar el dinero suficiente para ayudar a algún bienintencionado cineasta, sino una operación mucho más compleja de promoción y difusión que, en el marco de la permanente y general crisis cinematográfica, se hace poco menos que inviable.

V

LOS FILMES DEL POSFRANQUISMO

Caracterizar un segmento cronológico de la producción cinematográfica de un país puede hacerse desde diferentes parámetros: líneas temáticas, adscripciones genéricas, propuestas autorales, constantes estéticas, etc. Evidentemente, la posible taxonomía a establecer es insuficiente, puesto que esos parámetros no sólo no son incompatibles o excluyentes, sino todo lo contrario. Es evidente que un filme de género puede responder a una preocupación temática determinada, abordarse según ciertas propuestas estilísticas que lo identifiquen con la manera de hacer de un autor e incluso corresponder a una determinada moda estética; por tanto, analizar ese segmento no significa simplemente situar los diversos filmes en sus correspondientes apartados, sino que es una labor más compleja. En último término, no nos quedaría otro remedio que remitirnos a todos y cada uno de los filmes, bajo el doble juego de su singularidad inequívoca —algo distinto de la posible trivialidad que delate ese su inevitable ser singular— y de su posible inclusión en uno o varios de los conjuntos que podrían derivar del empleo de los citados parámetros.

Parece obvio señalar que aquí no podemos abordar ese análisis individual y pormenorizado, tanto por razones de espacio como de la propia idiosincrasia de este libro, más afín al trazo global que al detalle minucioso. Pero una vez reconocida esa dificultad y la superficialidad implícita en nuestro empeño, tampoco podemos dejar de intentar establecer las trazas caracterizadoras esenciales que en los propios filmes permitan establecer alguna distancia entre el período de la reforma y el de la democracia consolidada, tal como antes lo hiciéramos con el cine del tardofranquismo, aunque seamos conscientes de que bajo ningún concepto esas diferencias pueden aproximarse a las existentes entre el cine tardofranquista y el posfranquista. Ante ese cúmulo de problemas hemos optado por establecer una triple perspectiva de aproximación y definición en función de aspectos genéricos, temáticos y autorales, con la seguridad de que algunos filmes circularán —o podrían hacerlo— por más de un ámbito. Siguiendo esas tres pautas, pues, asumimos una mirada diacrónica, mejor que no detenernos sincrónicamente, es decir, mejor que proponer un corte transversal que recorra las tres perspectivas en su simultaneidad temporal.

1. La tradición genérica

Desde el punto de vista de una clasificación genérica, podemos decir que el cine del posfranquismo, tanto a lo largo del período de la reforma como durante el mandato socialista, se centró en dos géneros bien reconocibles —la comedia y el *thriller*—, mientras que el ámbito de lo dramático resultó mucho menos definido genéricamente; y que la aproximación a otros géneros clásicos fue mucho más débil, aunque a modo de excepción no dejen de aparecer algunos musicales, filmes fantásticos, *westerns*, filmes de aventuras, etc. Eso es explicable en la medida en que las películas incluso con intención autoral (definibles como las que responden a un universo expresivo personal —temático y estilístico— del director) que abordan unas pautas genéricas fuertes, parecen quedar subordinadas a éstas, ya que el mecanismo narrativo —decisivo en la comedia, el *thriller* o el melodrama— parece sobreponerse a la voluntad expresiva gracias al «efecto de corpus». Por su parte, en las comedias dramáticas o los dramas, donde «lo que se quiere decir» parece predominar sobre las formas narrativas, se produce el efecto contrario, la disolución del «efecto de corpus» en favor del énfasis del sujeto narrador, identificado con el «autor» del que hablábamos.

Tal como ya fue expuesto, la comedia era un género de considerable tradición desde los años cuarenta (Gil, Iquino), pasando luego por muy diferentes fases: crítico-esperpéntica (Berlanga, Ferreri, Fernán-Gómez), rosa, folclórica, infantil, desarrollista (Dibildos/Masó), subgenérica, «tercera vía», etc. En los años que nos conciernen se mantienen algunas de esas tradiciones, más o menos puestas al día, más o menos reivindicadas, maquilladas, camufladas u orgullosamente continuistas. En todos los casos, sin embargo, se produjo algún tipo de aproximación a la realidad, bien fuese por las mayores posibilidades de explicitud sexual, bien por la proximidad al lenguaje coloquial, incluso ordinario o soez.

La tendencia más claramente continuista vino dada por la prolongación de los esquemas del cine de subgéneros, en diversas variantes bien definidas: la comedia política y de carácter costumbrista, netamente reaccionarias; la comedia «sexy», tendente al porno *soft*; y las formas paródicas basadas en filmes o programas televisivos de éxito. De las dos últimas variantes no merece la pena más que dar algún título ejemplar: entre las «sexy» recordemos filmes como *Es pecado... pero me gusta* (J. Bosch, 1977), *Préstamela esta noche* (T. Demichelli, 1977), *El virgo de la Visenteta* (V. Escrivá, 1977), *40 años sin sexo* (J. Bosch, 1978), *Historia de «S»* (P. Lara, 1978), *La insólita y gloriosa hazaña del cipote de Archidona* (R. Fernández, 1978), *El sexo ataca* (M. Summers, 1978), *Polvos mágicos* (J. R. Larraz, 1979), *El erótico enmascarado* (M. Ozores, 1980), *El liguero mágico* (M. Ozores, 1980), *La masajista vocacional* (P. Lara, 1980), *Queremos un hijo tuyo* (M. Ozores, 1980), *Profesor Eróticus* (L. M. Delgado, 1981) o *Agítese antes de usarla* (M. Ozores, 1983). De hecho, será esta tendencia la víctima más directa del cambio socialista y del trasvase de su público hacia las áreas del vídeo y, en alguna medida, de las salas «X». En cuanto a las parodias, eran de esta calaña: *Yo hice a Roque III* (M. Ozores, 1980), *Le llamaban J.R.* (1982) y *J. R. contraataca* (1983), ambas de P. Lara, *El ete y el oto* (M. Esteba, 1983) y *Don Cipote de la Manga* (G. Iglesias, 1983), y *Al este del oeste* (1984), por citar algunas.

En la tradición del interés «sociológico» de las subcomedias del último franquismo, la comedia «militante» de derechas —casi único reducto cinematográfico con tal ideología— ilustra las sucesivas fases de degradación intelectual y fílmica de algunos realizadores y de su público más entusiasta. Sin embargo, coyuntural como siempre, ofrece un curioso y oblicuo catálogo de las circunstancias centrales del período de la transición y primeros tiempos del socialismo gobernante, bien desde una perspectiva directamente política, bien abordando algunos de los temas que afloraban en aquella cambiante sociedad.

Debemos comenzar rememorando una serie de filmes encargados a uno de los cineastas más oficiales del franquismo, Rafael Gil, al servicio del ídolo literario de la ultraderecha, Fernando Vizcaíno Casas. La operación era sencilla: ir adaptando los sucesivos títulos de éxito de un escritor que, curiosamente, apenas tuviera relevancia en los años del por aquélla añorado franquismo. Así se fueron sucediendo *La boda del señor cura* (1979), *...Y al tercer año resucitó* (1979), *Hijos de papá* (1980), *De camisa vieja a chaqueta nueva* (1982) y *Las autonosuyas* (1982), en un final de carrera sólo comparable en indignidad estética y profesional con el de Sáenz de Heredia. Cine franco (admitiendo el doble sentido), directo, crítico con el presente desde la nostalgia de un pasado irreconocible, pero en último término perfectamente estéril por destinarse a los ya convencidos, en un ejercicio masturbatorio. En esa línea del subproducto —donde se perpetuaban los viejos intérpretes de los sesenta, pese a las reconversiones que algunos habían experimentado, junto a nuevos «valores» como Esteso o Pajares—, se situarían otros títulos de desarmante obviedad: *Alcalde por elección* (M. Ozores, 1976) y *El apolítico* (M. Ozores, 1977), o *Vota a Gundisalvo* (P. Lazaga, 1977), llamamientos al abstencionismo en los momentos de las primeras elecciones generales; *El día del presidente* (P. Ruiz, 1979), parodia contra la figura del presidente Suárez, a la que habría que añadir *El asalto al castillo de la Moncloa* (P. Lara, 1978); *El consenso* (J. Aguirre, 1979), aprovechando una de las palabras míticas de la transición; *Los autonómicos* (J. M. Gutiérrez, 1982), supuesta sátira del nuevo Estado de las autonomías; *Todos al suelo* (M. Ozores, 1982) y *Capullito de alhelí* (M. Ozores, 1986), filmes exculpatorios de los golpistas del 23-F; *¡Que vienen los socialistas!* (M. Ozores, 1982) y *El gran mogollón* (R. Fernández, 1982), evidentes advertencias a las puertas del triunfo de González y los suyos; *La avispita Ruinasa* (J. L. Merino, 1983), nueva parodia con la expropiación de RUMASA de fondo...

El progresivo adelgazamiento de este reino de los Ozores a medida que cambiaban las directrices de la política cinematográfica, pero también —para no caer en victimismos— ante la paulatina desaparición (o reclusión en los hogares ante la «caja tonta») del público más adicto, también iría afectando al otro brote básico de la subcomedia reaccionaria: la temática costumbrista. Se trataba de satirizar las nuevas costumbres que caracterizan a la sociedad española de la transición, las más de las veces desde una óptica que se quiere satírica, pero que sólo disimula —dificultosamente— la reprobación. Sin embargo, siguiendo el modelo de la comedia «para reprimidos» del «landismo», se juega al exhibicionismo y divulgación de las costumbres que se denuncian como corruptoras o disolventes de la Arcadia legada por el siempre innominado franquismo. Son títulos que abordan la reinstauración del divorcio —*El divorcio que viene* (P. Masó, 1980), *El primer divorcio* (M. Ozores, 1981), *Qué gozada de divorcio* (M. Ozores, 1981), *Caray con el divorcio* (J. Bosch, 1982)—, del juego —*Los bingueros* (M. Ozores, 1979)—, los impuestos —*127 millones libres de impuestos* (P. Masó, 1980), *Hacienda somos casi todos* (M. Ozores, 1988)—, la inseguridad ciudadana —*Esto es un atraco* (M. Ozores, 1987)—, u otros aspectos de la situación nacional —*La momia nacional* (J. R. Larraz, 1981), *Los caraduros* (A. Ozores, 1983), *El currante* (M. Ozores, 1983), *El recomendado* (M. Ozores, 1985), *Los presuntos* (M. Ozores, 1986), *Disparate nacional* (M. Ozores, 1991), etc—. Pero sin duda se trataba de una producción cada vez más residual, hasta el punto de que muchos de los últimos filmes de Ozores ni siquiera se estrenaban en sala, y pasaban directamente al mercado del vídeo, lo cual aún agudizaba más la precariedad económica de unas producciones que nunca fueron demasiado cuidadas. Como con el cine «S», la casi definitiva desaparición de este tipo de productos no merece la menor lágrima, aunque eso no significase necesariamente el final de una subproducción capaz de reaparecer de mil maneras.

Entre esas pervivencias renovadas de la subproducción podríamos recordar algunas modas ya periclitadas, como la reaparición de un cierto cine «con niño», ahora apoyado en algún que otro grupo musical infantil. Al amparo de la generosa subvención al cine de supuesto «interés para menores» se situaban títulos como *La guerra de los niños* (J. Aguirre, 1980), *La rebelión de los pájaros* (L. J. Comerón, 1981), *La segunda guerra de los niños* (J. Aguirre, 1981), *Buenas noches, señor monstruo* (A. Mercero, 1982), *Chispita y sus gorilas* (L. M. Delgado, 1982), *Loca por el circo* (L. M. Delgado, 1982), *Las locuras de Parchís* (J. Aguirre, 1982), *¡A tope!* (R. Fernández, 1983) o *Parchís entra en acción* (J. Aguirre, 1983); las medidas desarrolladas por Pilar Miró al variar la perspectiva de la protección al cine infantil acabaron con esos bodrios musicales, dirigidos por los mismos impenitentes directores de la subcomedia «sexy». Otra moda fue la parodia histórica, remotamente inspirada en los éxitos de Monty Python y Mel Brooks pasados por un baño de casticismo folclorizante: *El Cid cabreador* (1982), *Cuando Almanzor perdió el tambor* (1982), *Cristóbal Colón, de oficio... descubridor* (M. Ozores, 1982), *Juana la Loca... de vez en cuando* (J. R. Larraz, 1983), *La loca historia de los tres mosqueteros* (M. Ozores, 1983), no dejan de ser declaraciones de intenciones en sus mismos títulos... Ahora bien, como demostración de que la subproducción no se destruye sino que simplemente se transforma, en 1982 aparece un filme, *Martes y trece, ni te cases ni te embarques*, de Javier Aguirre, que retoma la «gloriosa» tradición del parasitismo televisivo (exprimir la popularidad televisiva), pero renovada con nuevas caras y una actitud menos «contestataria» al poder establecido. La fórmula irá cuajando con el tiempo, llegando a situar a ese dúo cómico a la cabecera de las recaudaciones cinematográficas con filmes como *Aquí huele a muerto...* (1990) y *El robobo de la jojoya* (1991), ambas dirigidas por Alvaro Sáenz de Heredia, factor que no nos permite, pues, un exceso de optimismo.

La «tercera vía» iba a ser el punto de partida y referencia de un segundo bloque de comedias del período posfranquista. El he-

Asignatura pendiente (1977), de José Luis Garci

cho de que uno de los artífices fundamentales del invento de Dibildos fuese el guionista José Luis Garci, significó que su pase a la realización se constituyese en una cierta forma de continuidad, aunque no sin algunos cambios motivados por la mayor explicitud política, sexual y moral, sobre todo en el terreno de los diálogos. El filme paradigmático de esa transformación sería *Asignatura pendiente* (1977), donde se marcaría la tónica de mezclar un tono de comedia con una estructura argumental más próxima a situaciones dramáticas. A través de la presencia de José Sacristán, otro elemento decisivo para el enlace con la «tercera vía», se repasaban las frustraciones de aquellas generaciones crecidas con el franquismo y que, aun protagonizando la reforma, no podían soltar el lastre del pasado sin pesares y renuncias. Tanto en esa película como en la siguiente, *Solos en la madrugada* (1978), se nos situaba ante las consecuencias de una cierta educación sentimental fuertemente impregnada por las circunstancias del fenecido régimen (a diferencia de la «tercera vía», en la que no se planteaban las causas de los traumas y problemas) con un tono lastimero, narcisista, casi masoquista y decididamente volcado a estimular la complicidad de un espectador en trance de abandonar la juventud y bajo el peso de las comunes alienaciones de la burguesía media española. Monumentos al efecto de identificación, al reclamo de la solidaridad de cierto sector del público, esos filmes de Garci se trufaban de referencias verosimilizadoras del relato (el sosias de Marcelino Camacho visitado por Sacristán en Carabanchel, el trabajo como laboralista del protagonista, las consignas y pintadas que aparecen en segundo plano), de tal manera que pretendían a su vez constituirse en una especie de crónica a medio camino entre la ilusión y el desencanto. En una línea pareja, aunque matizada por una mayor distancia irónica y por su carácter de reconstrucción histórica, José María González Sinde —productor de esos filmes de Garci— propondría con *Viva la clase media* (1981), una revisitación de la anónima vida cotidiana de la militancia comunista de clase media en los años sesenta, es decir, de los orígenes de los personajes de los filmes de Garci, aunque luego se pasaría a unos planteamientos más costumbristas en *A la pálida luz de la luna* (1980). Tras la senda de Garci se desencadenarían diversas comedias nostálgicas, mucho más despolitizadas e insignificantes, como *De fresa, limón y menta* (1977), de Miguel Angel Díez, o *El último guateque* (1977), de Juan José Porto.

Al compás de la evolución de las circunstancias, se irá definiendo un modelo de comedia costumbrista que asume muchos de los planteamientos generacionales, desencantados y cómplices de la «tercera vía», aunque decantándose progresivamente hacia el retrato de las formas de vida generadas durante la transición. Con evidentes diferenciaciones estilísticas y geográficas, esa comedia costumbrista marca una serie de referencias que van desde la comedia clásica americana o el cine de Woody Allen hasta los aparentemente sencillos filmes de Rohmer o Tanner. En su principio se ofrece como mucho más espontánea y personal que la encabezada por Garci, hundiendo sus raíces en los trabajos cortos de Colomo y Drove o en las dos primeras películas de García Sánchez —*El love feroz* (1973) y *Colorín, colorado* (1976)—, siendo al primero de ellos a quien se debe *Tigres de papel* (1977), la iniciadora de la serie. El filme de Colomo se convierte en un auténtico filme iniciático en el universo llamado «progre», jugando hábilmente a una mezcla de identificación y distancia irónica respecto a unos personajes sin embargo tan próximos y queridos como los de Garci. Esa indulgencia cómplice con la inmadurez, falsa liberación y esnobismo de los supuestos izquierdistas que lo protagonizan, se mantendrá en numerosos filmes que darán lugar a lo que en su momento se llamó la «comedia madrileña», en cuyo seno discurrió la siguiente producción del propio Colomo —*¿Qué hace una chica como tú en un sitio como éste?* (1978), *La mano negra* (1980) y *Estoy en crisis* (1982)—, la aparición de un nombre fundamental en el cine español de los ochenta, Fernando Trueba, con su *Opera prima* (1980), y algunos apéndices como *Vecinos* (1981), de Alberto Bermejo, o *Pares y nones* (1982), de José Luis Cuerda. Reseñemos que, similar en algunos planteamientos, pero con la lucidez que le negó el éxito de taquilla, habría que recordar un título como *Cuerpo a cuerpo* (1982), de Paulino Viota, última etapa de la carrera de este *outsider*.

Filmes todos ellos de pequeño presupuesto, con prioridad de unos diálogos muy coloquiales sobre las soluciones de puesta en escena, con argumentos centrados en situaciones de enredo, netamente localistas (como la broma de arranque de *Opera prima*), mucho más cinéfilos —en sus referencias y homenajes al alcance de un público limitado— que innovadores, habitados por unos pocos personajes que les dan un aire de «filme de cámara», creando inequívocos y evidentes lazos sentimentales con el sector de público más afín generacionalmente (básicamente treintañeros), centrados siempre en el choque entre alguna forma de utopía y la realidad cada vez más desencantada, reducidos siempre al territorio de lo privado (especialmente a las relaciones sexual-sentimentales) y con

Tigres de papel (1977), de Fernando Colomo

una cierta nostalgia del presente más que del pasado, sin voluntad acusatoria o moralizante. Un elemento importante en su singularización como tendencia vino dado por la puesta en circulación de una serie de intérpretes nuevos (Carmen Maura, Antonio Resines, Óscar Ladoire, Verónica Forqué, etc.) que se desmarcaban de la tradición de la comedia anterior, a la que el propio Sacristán aparecía vinculado, y que adquirirían un auténtico valor de fetiches.

Paralelamente, en Barcelona se daba un fenómeno equivalente, con las primeras comedias de Bellmunt —*L'orgia, Salut i força al canut* y *La quinta del porro* (1980)— o algún otro filme aislado, como *Serenata a la luz de la luna* (1978), de Salgot y Jover, o *Tres en raya* (1979), de Francisco Romá. Hay que anotar que la primera de ellas, *L'orgia*, también sería el arranque de algunos intérpretes con futuro en el cine catalán, pero también español: Juanjo Puigcorbé, Carme Elías, Assumpta Serna, Silvia Munt, Rosa Novell, etc. Acrecentando algunos de sus trazos, la comedia de Bellmunt seguirá preferentemente esa línea coral, con títulos como *Un parell d'ous* (1984) o *La radio folla* (1986), aunque también experimentará un registro más íntimo en *Pa d'angel* (1983), interesante porque nos ofrece al antiguo joven contestatario camino de su transformación en *yuppie* de izquierdas (!) y confrontado a su hija reaccionaria.

La tendencia costumbrista iba a traspasar sin excesivos problemas la frontera de 1982, tal vez con el matiz diferencial de que los Colomo, Trueba o Cuerda se transformarían en cineastas perfectamente establecidos, abandonando el tono algo marginal de sus primeros trabajos. De todos ellos sería Fernando Colomo el más persistente en esta línea, con títulos como *La línea del cielo* (1983) —que podríamos rebautizar como «Resines en Nueva York»—, *La vida alegre* (1987), paráfrasis amable sobre la vida en el socialismo triunfante, o *Bajarse al moro* (1988), no menos amable buceo en el submundo de la marginación. Pero no han faltado contribuciones a esa línea de parte de otros cineastas; entre los últimos ejemplos significativos podemos citar filmes como *El baile del pato* (M. Iborra, 1989), *Amo tu cama rica* (E. Martínez Lázaro, 1991) o *Cómo ser mujer y no morir en el intento* (A. Belén, 1991).

Derivando de esa comedia de intención costumbrista, al amparo de unos presupuestos económicos más altos —gracias a la política proteccionista—, al innovado *star-system* de los ochenta y al amor por la comedia clásica americana (Lubitsch, Hawks, Wilder, etc.), se produjo un proceso de estilización, según el cual algunos de los aspectos más evidentes de la comedia costumbrista se vieron afectados por un interés cada vez más evidente por los mecanismos mismos del género, y no por su sujeción a un contexto referencial inmediato. Susceptibles de la acusación de un cierto cosmopolitismo y de pérdida de sus raíces en la realidad cotidiana, esos filmes se convirtieron ante todo en un ejercicio de estilo, cuyo fondo no difería de las consabidas variaciones sobre el amor y el desamor, sobre la inseguridad masculina y la creciente fortaleza femenina, pero tamizados por la búsqueda de una mayor elegancia narrativa que, en definitiva, los aproximaba a lo que otrora se denominaba la «alta comedia». Sin duda fue Fernando Trueba, con *Sal gorda* (1983) y *Sé infiel y no mires con quién* (1985), quien inició una tendencia —muy coherente con su propia concepción del cine, bien conocida por su labor crítica— muy gustosamente seguida por cineastas tan personales como Manolo Gutierrez Aragón —*La noche más hermosa* (1984)—, Emilio Martínez Lázaro —*El juego más divertido* (1988)— o incluso Pedro Almodóvar, asomado a esa tendencia en sus famosas *Mujeres al borde de un ataque de nervios* (1988), a los que se irían uniendo filmes irregulares como *Tu novia está loca* (E. Urbizu, 1987), *Loco veneno* (M. Hermoso, 1988), *Boom, boom* (R. Vergés, 1990) o *Salsa rosa* (M. Gómez Pereira, 1991).

La tercera gran tendencia de la comedia española del posfranquismo la deberíamos englobar —de forma aproximada— en un bloque de difícil perfil, pero que podemos situar en el entorno de la tradición esperpéntico-coral, siguiendo los remotos ejemplos de Berlanga y Ferreri. Precisamente el primero, Luis García Berlanga, sería uno de sus protagonistas, a través de su saga de la familia Leguineche iniciada con la brillante *La escopeta nacional* (1977) y progresivamente languideciente con *Patrimonio Nacional* (1981) y *Nacional III* (1982); lo que en la primera todavía era una punzante revisión de los modos de la sociedad franquista, luego se fue deshaciendo en el simple provecho de la eficacia de unos cómicos aventajados en situaciones cada vez más rutinarias. Lamentablemente, esa pérdida de vigor se hizo presente en sus restantes trabajos —*La vaquilla* (1984) y *Moros y cristianos* (1987)—, excesivamente deudores de unas fórmulas ya establecidas y que en el fondo demostraban que Berlanga no tenía nada nuevo que decir o hacer en los últimos diez años.

Sin embargo, el ejemplo berlanguiano —con el apoyo, no hay que olvidarlo, del guionista Rafael Azcona— iba por fin a cuajar en el cine posfranquista. Carente de seguidores en sus tiempos más brillantes —los sesenta de *Plácido* (1960), *El verdugo* (1963) y *Vivan los novios* (1969)—, incapaz de promover una escuela, contradictoria con su individualismo, no podría evitar que algunos directores españoles asumiesen y reciclasen sus enseñanzas, reconstituyendo la tradición esperpéntico-coral, la más autóctona de nuestras variantes cómicas. Entres esos seguidores de un cine nacional-popular hay que situar a José Luis García Sánchez, que tras sus esbozos iniciales —cortos como *Loco por Machín* (1971) y *Gente de boina* (1971) y dos filmes: *El love feroz* y *Colorín, colorado*—, distantes tanto del subproducto como de la «tercera vía», se haría notar con la premiada *Las truchas* (1977), a la que más tarde seguirían *La corte del faraón* (1985) —que como la *Bruja, más que bruja* (1976) de Fernán-Gómez, se reclamaba de la tradición zarzuelera—, *Pasodoble* (1988) y *El vuelo de la paloma* (1989), títulos de castiza resonancia y muy superiores a sus filmes «serios», como *Divinas palabras* (1987) o *La noche más larga* (1991). Posiblemente ni uno solo de esos filmes puede calificarse como perfecto, ni siquiera sabríamos decir si son «buenos», pero sin duda se ajustan a sus intenciones de buscar un público popular con un lenguaje idóneo.

Algo semejante, aunque bajo otro registro, podríamos decir de los primeros filmes de Carles Mira. No se trata ya del registro sainetesco y zarzuelero, sino que con Mira estamos más próximos a la tradición de la revista musical, pasada por la «mediterránea» y fallera sensibilidad valenciana. Desde esa perspectiva, Mira abordó una curiosa revisión histórica, con filmes como *La portentosa vida del padre Vicente* (1978), *Con el culo al aire* (1980), *Jalea real* (1981), *Que nos quiten lo bailao* (1983) y, en menor medida, *Daniya* (1987), infinitamente superiores a una horrible comedia como *El rey del mambo* (1989). También aires mediterráneos, aunque menos exhibicionistas, resuenan en los mejores filmes de Paco Betriu, cuya obra se remonta también a finales de los sesenta, con cortometrajes tan celebrados como *Gente de mesón* (1969) y *Bolero de amor* (1970), seguidos luego por dos espléndidas e insólitas comedias negras, *Corazón solitario* (1972) y *Furia española* (1974), una zarzuela esperpéntica —*La viuda andaluza* (1976)— y una alegoría no menos esperpéntica —*Los fieles sirvientes* (1980)—, antes de caer en el caligrafismo de series televisivas como *La plaça del diamant* (1982) o *Vida privada* (1987), o la adaptación estólida de *Réquiem por un campesino español* (1985) y *Sinatra* (1988).

Junto a García Sánchez, Betriu y Mira, hay que situar algunas obras aisladas de otros cineastas que muy bien podrían incluirse en esta tendencia, eso sí, con altibajos en su calidad: desde *El anacoreta* (J. Estelrich, 1976) hasta *Hay que zurrar a los pobres* (S. San Miguel, 1991), pasando por *Dios bendiga cada rincón de esta casa* (C. Chúmez, 1977), *Reina Zanahoria* (G. Suárez, 1977), *¡Tú estás loco, Briones!* (J. Maqua, 1980), *El orden cómico* (A. Forqué, 1985) y *Amanece que no es poco* (J. L. Cuerda, 1989). Y, con alguna proximidad, aunque más decantado hacia la influencia buñueliana, habría que citar *Ovejas negras* (1989), de José María Carreño.

No podemos cerrar este apartado sin una consideración básica: hasta qué punto la primera parte de la obra de Pedro Almodóvar no deja de ser una última consecuencia —evidentemente puesta al día— de esa tradición. Dentro de su tono cutre, *Pepi, Luci, Bom y otras chicas del montón* (1980) y *¿Qué he hecho yo para merecer esto?* (1984), no dejan de ser otros tantos ejemplos de coralidad, de desmesura, de buceo en formas y maneras populares, sin duda carentes de cualquier equilibrio, pero capaces de conectar con un público popular que luego, sorprendentemente, seguirá al autor en su proceso de estilización/amaneramiento personal. La trayectoria de Almodóvar pasa desde los parámetros dominantes de la comedia hasta los del melodrama, aunque en los primeros casos este último esté sugerido y en los segundos nunca falten los elementos cómicos; de alguna manera se trata de una superposición de estructuras genéricas, que en los momentos más afortunados —*¿Qué he hecho...?* o *La ley del deseo* (1987)— redundan en un modo personal de expresión, y en los menos felices caen en el hibridismo banal y vacuo, caso de *Átame* (1989) y *Tacones lejanos* (1991).

Siendo tan relativa la tradición del cine español de afrontar el *thriller*, resulta sorprendente apreciar cómo durante los años del posfranquismo ha ido creciendo su frecuentación por parte de nuestros cineastas. Cierto es que tal fenómeno ha coincidido —no casualmente— con la eclosión en nuestro país de la literatura «negra», primero con la edición sistemática de sus grandes clásicos, luego con la aparición de una floreciente constelación de autores autóctonos, que en más de una ocasión se han visto llevados al cine o incluso han trabajado como guionistas. En esa perspectiva, las pautas seguidas por el género entre nosotros en estos años han significado por un lado la ruptura de los pies forzados de la época franquista, y por otra la readaptación de los modelos y variantes habituales del género a nuestro contexto.

Desde los tiempos de *Brigada criminal* (I. Iquino, 1950), *Apartado de Correos 1001* (J. Salvador, 1950) o *091: Policía al habla* (J. M. Forqué, 1960), en que el cine criminal sólo podía pasar por la exaltación de la actividad policial, hasta los subproductos en coproducción de los años sesenta o los *thrillers* moralizantes de mediados de los setenta, la entidad del cine policíaco español dependía de algunas raras excepciones, poco conocidas muchas veces debido a su escasa pretensión. Eran filmes baratos, con pocas estrellas, absolutamente secundarios en nuestra producción, lo cual explicaba su vigencia en los estudios barceloneses, donde Julio Coll —*Distrito Quinto* (1957) y *Un vaso de whisky* (1958)—, Antonio Isasi —*La huida* (1955)—, Rovira-Beleta —*Los atracadores* (1961)—, Forn —*El inocente* (1961)— y Pérez-Dolz —*A tiro limpio* (1963)—, contribuían a una pequeña y ahora legendaria tradición —preservada incluso por Gonzalo Suárez durante la Escuela de Barcelona o por las producciones «internacionales» de Antonio Isasi—, que en Madrid sólo mantenía con un cierto vigor el Borau de *Crimen de doble filo* (1964).

Ya en tiempos del tardofranquismo vimos cómo de la Loma, por un lado, y las *operas primas* de Herralde —*La muerte del escorpión* (1975)— y Bigas Luna —*Tatuaje* (1976)—, junto al modesto *Larga noche de julio* (L. J. Comerón, 1974), mantenían la tradición barcelonesa. La producción madrileña oscilaba entre los *thrillers* psicológicos de Eloy de la Iglesia, García Dueñas o incluso Regueiro; el cosmopolitismo de *Hay que matar a B* (J. L. Borau, 1973); y una única aproximación a la «serie negra» en *El poder del deseo* (J. A. Bardem, 1975). Fue a partir de finales de los setenta cuando la oleada del filme criminal asentó sus poderes en el cine español, para no abandonarlos en la década siguiente, no necesariamente de la mano de artesanos de segunda fila, sino con la atención de algunos de nuestros autores más personales. Ni que decir tiene que el género ofrecía no sólo su repertorio de personajes, situaciones, escenarios, etc., sino la ocasión de aproximarse más o menos tangencialmente a aspectos de la realidad, de la actualidad más inmediata. Dada su fuerte diversificación en temáticas y subgéneros, no es sencillo clasificar las diversas muestras registradas del cine policíaco español; sin embargo, algunas de esas tendencias aparecen con gran nitidez. Empezaremos por la más clásica, la que podríamos considerar con propiedad como «seria negra», muchas veces con una base literaria tras ella.

Sin haber conseguido aún un filme equiparable a los mejores logros del novelista, Manolo Vázquez Montalbán ha sido el especialista más versioneado cinematográficamente (sin olvidar la contribución televisiva); al citado *Tatuaje*, cabe añadir *Asesinato en el Comité Central* (V. Aranda, 1982) y *Los mares del Sur* (M. Esteban, 1991). En ninguna de ellas se ha correspondido con justicia a los valores del detective Carvalho, muchos de los cuales curiosamente están próximos, aunque sea putativamente, al detective madrileño Germán Areta, protagonista de *El crack* (1981) y *El crack II* (1983), tal vez los dos mejores filmes de Garci. Esa mezcla de desencanto, cinismo, sentimiento, sentido ético, fidelidad a los amigos, etc., caracterizan a un Areta en permanente lucha contra la tendencia del director a la redundancia, el efectivismo y el sentimentalismo. Volviendo a las adaptaciones de novelas más o menos «negras» nacionales, es preciso recordar otros títulos: *Dinero negro* (C. Benpar, 1977-1983), basado en *De mica en mica s'omple la pica*, de Jaume Fuster, filme fallido por las habituales incapacidades de su director; *Demasiado para Gálvez* (A. Gonzalo, 1980), donde aparece por

primera vez el periodista Gálvez, creado por Jorge Martínez Rever-
te —en quien se basa también *Terroristas* (A. Gonzalo, 1986)—, que
retornaría años después con *Cómo levantar 1000 kilos* (A. Hernández, 1991), según *Gálvez en Euzkadi; La cripta* (C. del Real, 1981),
siguiendo la vicisitud del enajenado personaje de Eduardo Mendo-
za, de quien también era la novela base de *La verdad sobre el caso
Savolta* (A. Drove, 1978), ejemplo de *thriller* histórico; *Crónica sentimental en rojo* (F. Rovira-Beleta, 1986), según González Ledes-
ma; *La rusa* (M. Camus, 1987), lamentable versión de la no menos
lamentable novela de Juan Luis Cebrián, en torno a los servicios
secretos españoles; *Al acecho* (G. Herrero, 1988), basada en *Nada
que hacer*, de Juan Madrid; *El placer de matar* (F. Rotaeta, 1988),
según la novela del propio cineasta *Las pistolas*, y muy superior
a *Chatarra* (1991), su segundo filme; *Un negre amb un saxo* (F. Bellmunt, 1988), a partir de la novela del valenciano Ferran Torrent;
El aire de un crimen (A. Isasi, 1988), según la premiada obra de
Juan Benet, que en cierto modo retoma la tradición del relato criminal rural; y *Un invierno en Lisboa* (J. A. Zorrilla, 1991), fallida
trasposición de la obra de Muñoz Molina. De todas esas adaptaciones destaca una por encima de las demás: *Fanny Pelopaja* (1984),
donde Vicente Aranda adaptaba la novela *Prótesis*, de Andreu Martín, logrando con esa historia de venganza y amor el más duro e
impactante de los *thrillers* españoles.

Carentes de base literaria, pero con el tono clásico de la «serie
negra», aparece otro grupo de filmes con un irregular tono medio,
dado que en muchos casos se trata de vehículos para debutantes
o cineastas de segunda fila. Estamos pensando, sin ánimo de ex-
haustividad, en *El arreglo* (J. A. Zorrilla, 1983), que penetra en los
abismos de la corrupción policial y que posiblemente sea la más
lograda; *Adela* (C. Balagué, 1986), donde también un policía se enfrenta a una crisis, aunque aquí personal; *Puzzle* (L. J. Comerón,
1987), olvidado *thriller* de atraco perfecto muy bien urdido en su
mecanismo narrativo; *Continental* (J. Villaverde, 1989), centrada
en las mafias del contrabando gallego; *L'home de neó* (A. Abril,
1989), confusa trama en torno al clásico tema del hombre utilizado

sin él saberlo; *A solas contigo* (E. Campoy, 1990), curioso *thriller* familiar con resonancias en el espionaje industrial; o *Todo por la pasta* (E. Urbizu, 1991), donde dos mujeres se ven implicadas en una violenta acción criminal, tal como años antes lo fueran las dos protagonistas de *Barcelona Sud* (J. Cadena, 1981) o la de *Massa vell per a morir jove* (I. Coixet, 1988), todas ellas deudoras de unos ambientes urbanos que alcanzan resonancias casi kafkianas en la inmadura pero interesante *Barcelona lament* (L. Aller, 1990). Podríamos completar esta lista con algunas aproximaciones al *thriller* psicológico, que reuniría filmes tan diversos entre sí como *Banter* (H. Hachuel, 1986), la notable *Pasión lejana* (J. Garay, 1987), *L'amor és estrany* (C. Balagué, 1988), *Baton rouge* (R. Monleón, 1988), que más que a Hitchcock se aproxima a los guiones de Santiago Moncada, y los dos primeros filmes, muy considerables, de Antonio Chavarrías: *Una ombra al jardí* (1989) y *Manila* (1991).

No prestaremos atención a una serie de películas que intentaron repetidamente mantener los esquemas de la producción de aire «internacional» que lanzara Isasi a partir de *Estambul 65*. Nos referimos a filmes como *Escapada final* (C. Benpar, 1983), *Escuadrón* (J. A. de la Loma, 1987), *Barcelona connection* (M. Iglesias, 1987), etc., que no pasan del «quiero y no puedo», filmados por artesanos menos que rutinarios. Mucho más interés presentan otras dos tendencias o subgéneros claramente definidos: el cine basado en la delincuencia juvenil y el *thriller* de denuncia o basado en casos auténticos.

En el primer ámbito, la delincuencia juvenil convertida en tema estelar en el cruce de las dos décadas, destacan algunos filmes sueltos como *Deprisa, deprisa* (1980), un Saura vitalista y radical que constituyó una excelente sorpresa; *Maravillas* (1980), donde Manolo Gutiérrez abordaba algo tangencialmente el asunto, no olvidando que en ese mismo ámbito cabría situar su anterior *Camada negra* (1977); e incluso *Perros callejeros* (1977), que se constituye en el mejor filme de De la Loma, al abandonar su tono moralista y centrarse en una cierta épica aventuresca. Luego vinieron múltiples secuelas e imitaciones, a cada cual peor: *La patria del Rata, Los últimos golpes del Torete, Todos me llaman Gato, Perras callejeras, Yo, el Vaquilla*, etc. Y junto a ellas, pero no mezclados ni mucho menos, el más conspicuo y consciente frecuentador del subgénero fue Eloy de la Iglesia, con una amplia serie de filmes: *Miedo a salir de noche* (1979), *Navajeros* (1980), *Colegas* (1982), *El pico I* (1983), *El pico II* (1984) y *La estanquera de Vallecas* (1987). Preocupado en el primero por el uso del temor a la inseguridad ciudadana por parte de la derecha, *Navajeros* fue una especie de canto a la cultura marginal madrileña, capaz de crear héroes como «El Jaro», mientras que *Colegas* ahondaba mucho más en las raíces de la delincuencia, penetrando en el mundo familiar de los personajes, algo también presente en las dos partes de *El pico*, auténticos compendios de los males sociales del momento (delincuencia, droga, terrorismo, etc.), planteados siempre en clave populista y a veces tremendista, pero también con una vehemencia y lucidez casi insólitas en el cine español del período. Y esa saga terminaría en toda su radicalidad con la espléndida *La estanquera de Vallecas*, donde la delincuencia juvenil se interrelaciona con los ambientes populares, demostrando la existencia de las raíces comunes.

El último bloque que nos ocupa dentro del cine criminal es el de aquellos filmes que remiten a casos auténticos, bien sea en clave de denuncia sociopolítica, bien en función de la espectacularidad y popularidad de los asuntos tratados. Con el horizonte de fondo de la espléndida serie televisiva *La huella del crimen*, aparecen dos filmes de Pedro Costa: *El caso Almería* (1983) y *Redondela* (1987), sobre un escándalo de la democracia y otro del último franquismo, respectivamente; a ellos se une en el primer apartado *Matar al Nani* (1988), sobre otro oscuro asunto de connivencia criminal entre policías. Del otro lado podemos recordar cuatro capítulos significativos: el lamentable *Asalto al Banco Central* (S. Lapeira, 1982); *Crimen en familia* (1984) y *Solo o en compañía de otros* (1990), ambas de Santiago San Miguel, sobre los crímenes de la «dulce Neus» y del matrimonio Urquijo; y *Los invitados* (V. Barrera, 1987), sobre el crimen de los Galindos.

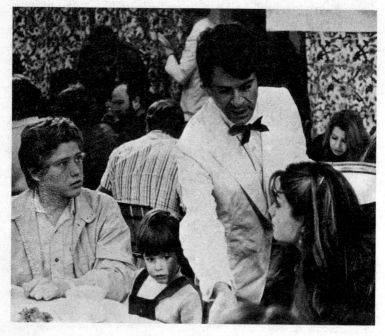

Camada negra (1977), de Manuel Gutiérrez Aragón

Más allá de la comedia y el cine policíaco, el cine español del posfranquismo no ha tenido excesiva propensión a los géneros clásicos. En el terreno del musical se han abordado diversas variantes autóctonas, además del ya citado cine infantil con grupo musical. Debemos recordar ante todo la trilogía danzante de Carlos Saura —*Bodas de sangre* (1981), *Carmen* (1983) y *El amor brujo* (1986)—, que en su conjunto constituyeron uno de los mayores éxitos internacionales del cine español, en una línea que también siguiera *Nanas de espinas* (P. Távora, 1984) y *Montoyas y Tarantos* (V. Escrivá, 1989), también apoyada en la presencia de la bailarina Cristina Hoyos. En otra línea, el inesperado éxito de *Las cosas del querer* (J. Chávarri, 1989) resucitó un interés fílmico por la tonadilla que daría lugar a filmes como *Yo soy ésa* (L. Sanz, 1990) y *El día que nací yo* (P. Olea, 1991), a la mayor gloria de Isabel Pantoja, una de las grandes protagonistas de las poderosísimas revistas del corazón.

El resto del cine musical español se ha centrado en esos años alrededor de la música *pop* nacional, aunque siempre dentro de la producción más secundaria. Si rememoramos los títulos, apenas aparece alguno que merezca nuestra atención: *Bésame tonta* (F. González, 1982), *Gritos... a ritmo fuerte* (J. M. Nunes, 1983), *A tope* (R. Fernández, 1984), *Fiebre de danza* (M. Mateos, 1984), *Escrito en los cielos* (S. Lapeira, 1985), *Sufre mamón* (M. Summers, 1987), la única con un cierto éxito comercial y que alcanzó la subvención anticipada, y *Suéltate el pelo* (M. Summers, 1988).

También es bastante paupérrima la producción de cine de aventuras, aparte de sus dificultades de definición. En su espíritu podríamos situar algunos títulos, dejando de lado ciertos subproductos: *Sáhara* (A. Cabal, 1984), *Bandera negra* (P. Olea, 1986), *Luna de agosto* (J. Miñón, 1986), *Gran sol* (F. Llagostera, 1988), *El río que nos lleva* (A. del Real, 1989) y *Terranova* (F. Llagostera, 1991), además de *El caballero del dragón* (F. Colomo, 1985), uno de los filmes de mayor presupuesto y despropósito de todo el período. Por su parte, los *westerns* y filmes de terror o ciencia ficción realizados a partir de 1977 —sorprendentemente escasos comparados con los realizados en la fase anterior— no rebasaron el tono del subproducto olvidable, tal vez con la solitaria excepción de *Angoixa* (B. Luna, 1987).

2. Ámbitos temáticos

La dinámica del cine español del período de la reforma política no significó —como dijimos— un corte brusco con el cine anterior, si bien se marcaron diferencias en algunas líneas o se potenciaron otras. Analizando la producción fílmica desde un área temática, podemos comprobar el lento declinar de algunas tendencias

—como el «cine metafórico»—, la aparición diferenciada de otras —la recuperación histórica, la mirada documental o nuevas formas de costumbrismo— y la eclosión radical de nuevos derroteros, como el cine descaradamente erótico o la denuncia cívico-social. Si antes podíamos hablar de ciertos especialistas en determinados géneros, ahora también podremos encontrarlos en los diferentes ámbitos temáticos, haciendo siempre la salvedad de que géneros y temas no son incompatibles, con mayor tendencia aquí hacia consideraciones autorales, ya que dentro del supuesto universo expresivo de un autor, los aspectos temáticos tienen una relevancia mayor que los genéricos. Pasamos, pues, a revisar algunos de los más significativos de esos ámbitos temáticos, entendidos éstos de una forma muy abierta.

a) La decadencia del cine metafórico

Aún en pleno proceso de cambio, las inercias y costumbres del cine metafórico iban a mantenerse durante un cierto tiempo, aunque sólo fuese porque muchos de los filmes estrenados en 1977 habían sido concebidos desde parámetros pronto anticuados. De hecho, el cine metafórico ya había experimentado cruces con el naturalismo (*Furtivos*) o la comedia subgenérica (*El puente*), pero la cosecha de 1977 sería aún pródiga en ejemplos puros: *Sonámbulos*, de Manolo Gutiérrez; *Las truchas*, de García Sánchez; y parcialmente *Reina Zanahoria*, de Gonzalo Suárez. El filme del autor de *Habla mudita* sería posiblemente el punto límite de una parábola que iba a iniciar un rápido descenso: borrando las fronteras entre realidad y sueño, ofreciéndose como un perverso cuento —y como tal con un carácter iniciático indudable—, no por ello dejaba de contener elementos autobiográficos y referencias nunca explícitas a las angustias y esperanzas de la oposición antifranquista en los últimos tiempos del régimen.

Por su parte, *Las truchas* se aproximaba al terreno de la comedia esperpéntico-coral, pero nadie podía dudar de las significaciones de ese granguiñolesco ágape de la Sociedad de Pescadores, como metáfora de una sociedad en descomposición ante la mirada de las clases trabajadoras, y los tragicómicos esfuerzos para aparentar una forzada naturalidad. Aun inferior a lo que en su momento se consideró, *Las truchas* puede entenderse como el último gran esfuerzo de encontrar una salida popular a esa tradición metafórica que las circunstancias parecían condenar, al menos como opción obligada; mucho menos lograda fue la fábula antiamericana propuesta por Suárez en *Reina Zanahoria*.

Todavía en 1978 verían la luz algunos otros ejemplos de esta modalidad tan cara al cine español: *Arriba Hazaña*, de José María Gutiérrez, y *Los restos del naufragio*, de Ricardo Franco. En la primera se utiliza un viejo recurso —la vida concentracionaria de un internado escolar como lugar de expresión de la lucha por el poder— para establecer otra meridiana parábola sobre la España de la transición, al ofrecernos las maniobras de los diversos sectores del clero director —inmovilistas, paternalistas, reformistas, rupturistas— en pos del poder. Por su parte, *Los restos del naufragio* iniciaba no menos parabólicamente una incipiente conciencia del «desencanto», aquí a través de las tribulaciones de un desengañado joven de 28 años que ingresa en un asilo de ancianos y entabla amistad con «el maestro», con quien comparte quimeras y sueños capaces de hacerle evadirse de una realidad rechazada.

No sería muy difícil encontrar elementos metafóricos en *La Sabina* (1979), de Borau, donde el mito de la devoradora de hombres remite a toda una interpretación en clave mágica de las esencias de España, o al menos de la España propia de la imaginación romántica. Sin embargo, en ese 1979, una mediocre película de Carlos Saura, *Mamá cumple 100 años*, parecía ajustar cuentas con una tradición que era más suya que de nadie; convirtiendo los personajes y ambientes de *Ana y los lobos* en elementos de una visión esperpéntica, Saura no pretendía más que certificar la liquidación de esa vía, aunque él aún haría después la titubeante *Dulces horas* (1981). Operación tras la cual no quedarían más que algunos ejemplos residuales o su transmutación por otros ámbitos, como por ejemplo la ficción histórica. En esa residualidad cabría alinear un puñado de filmes como *Los fieles sirvientes* (P. Betriu, 1980), *Tú estás loco, Briones* (J. Maqua, 1980) o *F.E.N.* (A. Hernández, 1981); y la curiosa insistencia del cine de Manolo Gutiérrez Aragón, como ejemplifican fundamentalmente los aspectos herméticos de *Maravillas* (1980) y *Feroz* (1984), nuevo cuento sobre el saber y la educación, con resonancias netamente rousseaunianas.

El otro refugio del cine metafórico aparecerá en la ficción histórica, donde se nos propondrán repetidas incursiones en el pasado con la vista puesta en el presente: desde *La ciutat cremada* hasta *Esquilache* (J. Molina, 1989), filmes como *La verdad sobre el caso Savolta, Con el culo al aire, La conquista de Albania, Akelarre, Tiempo de silencio* (V. Aranda, 1986), *Mambrú se fue a la guerra* (F. Fernán-Gómez, 1986), *La guerra de los locos* (M. Matji, 1987), etc., han ofrecido la Historia como rodeo de la actualidad.

b) *La recuperación del pasado*

Más de dos centenares de filmes dedicados a reconstruir diversos fragmentos de historia es una cifra suficientemente considerable como para prestarles una atención específica en nuestro análisis del período 1973-1992, aunque nos quede la duda de si entre tantas «historias» ha habido alguna Historia. Pero todavía lo es más si consideramos dos aspectos esenciales: el peso adquirido por el cine histórico en algunos períodos del cine franquista y el valor trascendente de la recuperación del pasado, de la reconstrucción de la memoria negada, en los momentos de la transición política. Durante algunos años —la segunda mitad de los cuarenta—, se produjo una identificación casi total entre cine «oficial» y cine histórico, entendido como una de las vías más idóneas para el adoctrinamiento nacional-católico, la legitimación del régimen o la exaltación del Caudillo; frente a esa tendencia —apoyada en la escayola, la pintura de historia y los saberes decimonónicos—, debían construirse unos nuevos modelos de cine histórico, que por otra parte iban a estar excesivamente viciados por ciertos ejemplos foráneos —desde Hollywood hasta Visconti, sin pasar a Brownlow, Rossellini, Allio o Straub—, de muy difícil adaptación a nuestros lares.

Pero, al mismo tiempo, más allá de prevenciones por lo histórico, era evidente que una de las potencialidades del supuestamente renovado cine español estaba en su contribución a la recuperación de aquel pasado negado durante los años del franquismo: ante todo la guerra civil —en sí misma y sobre todo desde la perspectiva de los vencidos— y sus consecuencias, pero también tantos otros momentos que por uno u otro motivo habían sido ajenos al cine o pasto de todo tipo de manipulaciones. Esa búsqueda de lo prohibido, sin embargo, no estaba guiada tanto por su interés intrínseco —el conocimiento histórico—, como por el simple hecho de existir o por la coyunturalidad inherente a mirar el pasado desde el nuevo presente. Por otra parte, cargado por la premura y la necesidad de eficacia inmediata, el nuevo cine histórico español se sujetó a aquellos esquemas que parecían de más fácil recepción para el público español: sagas familiares, adaptaciones literarias, biografías, etc. Y todo ello rebozado por las constantes del cine del período: predominio de los valores reformistas y centristas, el abandono de cualquier tono que pudiera entenderse como revanchista, la ausencia de toma de partido por parte de los responsables del filme, el apoyo en los más inmediatos esquemas del cine del reconocimiento, etc. Recuperado un «espacio de enunciación», apenas resultaban alterados los enunciados y las prácticas enunciativas, salvo ciertas «marcas» de historicidad y novedad (banderas, *slogans*, canciones, etc.) que desplazan a aquél hacia un simple «espacio del reconocimiento».

Desinteresados o incapaces de abordar un cine histórico analítico, la mayor parte de cineastas tendieron —y tienden— hacia una visión microscópica, donde la memoria personal y familiar se imponen sobre cualquier intento de interpretación global. En cierto modo, se confundía Historia con Memoria —con la apresurada coartada de una simplista comprensión de los conceptos de la «nueva historia»—, con lo que el cine histórico se convertía en el lugar privilegiado de aquellas dos constantes más definitorias del período —tiempo y familia— que antes situábamos. Negada la síntesis histórica, como mucho quedaba la vía metafórica para sacar algún provecho a esa revisitación de los fantasmas del pasado, incluso más allá de la etapa tardofranquista, siempre en la perspectiva de la más decidida «presentización» del pasado.

Dentro de esas características generales se deben situar las diversas áreas temáticas abarcadas por el cine histórico español, uniformizadas por aquéllas y en muy pocas ocasiones redimidas por cualquier veleidad personal o interés histórico profundo por parte de los diferentes cineastas; nunca como en el cine histórico de esos años —excepciones aparte— se adquiere la sensación de artesanado e intercambiabilidad de los diferentes filmes. Sin grandes posibilidades de establecer clasificaciones estilísticas o ideológicas, aquellas áreas temáticas pueden parcelizarse de dos modos principales: según el tratamiento fílmico y según el período histórico evocado.

En el primer caso cabe distinguir dos vías de reconstrucción del pasado: la documental y la ficcional. Evidentemente, la segunda es mayoritaria, debido tanto a razones comerciales como a la posibilidad de abarcar cualquier período, mientras que la primera depende de los materiales de base fílmicos y sonoros antecedentes; la necesaria recurrencia a noticiarios, documentales, fragmentos de filmes de ficción, registros sonoros, entrevistas, etc., por parte del montaje documental, al tiempo que amplía su proximidad a la idea del ensayo histórico —tipo rehuido en el cine ficcional español—, delimita unos períodos históricos que fácilmente podemos situar a partir de la guerra civil. Sin embargo, esa cierta ansia de recuperación del pasado que mencionábamos potenció que en los primeros años de la reforma, este tipo de cine tuviese un peso considerable, ya que parecía ofrecer la posibilidad del acceso lo más directo posible a los vestigios auténticos del pasado, pese a que precisamente las muestras más valiosas se centraban en poner en duda cualquier asomo de objetividad o, en último término, de la imposibilidad de un discurso histórico que evacuase su propia condición discursiva (y por tanto derivada de un cierto sujeto enunciador).

Recordemos en esa línea las aportaciones iniciales de filmes como *Canciones para después de una guerra* (B. M. Patino, 1971), estrenada en 1976, o *El desencanto* (J. Chávarri, 1976), que darían paso a una breve efervescencia liderada por *Caudillo* (B. M. Patino, 1975) —también estrenada con retraso—, *Raza, el espíritu de Franco* (G. Herralde, 1977) y sobre todo *La vieja memoria* (J. Camino, 1977), sin olvidar la oblicua aproximación al franquismo de *Queridísimos verdugos* (B. M. Patino, 1973) y *Rocío* (F. Ruiz, 1980), o las postreras aportaciones de *El proceso de Burgos* (I. Uribe, 1979) y *Dolores* (J. L. García Sánchez/A. Linares, 1980), tras las cuales prácticamente desaparece en España la práctica del montaje documental y casi del documental de largometraje en sí. Frente a la compulsión vehemente de *Caudillo*, el filme de Camino se convierte en la más apasionante de todas, no sólo por su valor documental —basado en entrevistas con múltiples protagonistas de diversos momentos de la guerra civil—, sino por la sabia construcción fílmica y, muy especialmente, por la reflexión implícita sobre el propio valor de la memoria y la remota posibilidad de construir la historia a partir de ella.

Otra perspectiva aborda *Raza, el espíritu de Franco*, donde Herralde —siguiendo las observaciones de Vázquez Montalbán y Román Gubern sobre los demonios familiares del franquismo— se enfrenta a la figura del Caudillo por las vías interpuestas de las declaraciones de su hermana, los fragmentos del filme *Raza* —de cuyo argumento fue responsable— y las confesiones de Alfredo Mayo, su protagonista. También un vibrante carácter biográfico tiene *Dolores*, emotivo retrato de La Pasionaria, una de las grandes «estrellas» de nuestra historia reciente. Por su parte, *El desencanto* era otro cumplido ejemplo de la ambigüedad de la distinción ficción/documental, ya que las entrevistas a los miembros de la familia Panero constituían mucho más un dramático ajuste de cuentas con la institución familiar durante el franquismo, que no una mera recopilación memorística, demostrando cómo el supuesto montaje documental podía devenir en un filme absolutamente personal. También las entrevistas con los protagonistas de los hechos eran el núcleo central de *El proceso de Burgos*, mucho más interesante por la revisión de aquellos hechos no tan lejanos que por el trabajo cinematográfico que proponía.

Entrando en la ficción histórica, debemos advertir de inmediato que nuestro siglo ha sido el foco de atención principal. Y dentro de él, el período de la guerra civil y subsiguiente posguerra el más frecuentado. Evidentemente no podemos entrar aquí en grandes detalles, pero resulta obligado señalar cómo *La ciutat cremada*, *Las largas vacaciones del 36* y *Pim, pam, pum... ¡fuego!* significan el arranque de ese cine histórico en sus tres momentos: antes, durante y después de la guerra civil. Junto al filme de Ribas —buen ejemplo del predominio del presente sobre el análisis histórico y del apoyo en una estructura de saga familiar—, las otras aproximaciones al período de la Restauración, Dictadura y República tuvieron una curiosa predilección en relación a hechos salidos de la «crónica negra»: auténticos como *El crimen de Cuenca*, *Jarrapellejos* (A. Giménez-Rico, 1987), *Un hombre llamado Flor de Otoño* (P. Olea, 1978), *Pasos largos* (R. Moreno Alba, 1986), *Pascual Duarte*, *Mi hija Hildegart* (F. Fernán-Gómez, 1977) y *Casas viejas* (J. L. López del Río, 1983); o fruto de una verosímil creación literaria, tal como *La verdad sobre el caso Savolta* y *La teranyina* (A. Verdaguer, 1990). Esa vinculación entre suceso criminal y reconstrucción histórica no deja de resultar sorprendente, aunque define la antes descrita vocación de oblicuidad en la aproximación a determinados momentos o aspectos clave de nuestra historia; muy especialmente el caciquismo, la dialéctica violenta entre poder estatal y anarquismo o la lucha de clases en momentos determinantes, elemento también presente en la ridícula *Victoria* (1982-1983), de Antoni Ribas.

Pese a que la sensación generalizada para muchos es que la guerra civil se ha constituido en un tema central y obsesivo del cine posfranquista, lo cierto es que el número de filmes resulta relativamente modesto. En cambio, lo incuestionable es la uniformidad del tono de esos filmes, que tras la senda abierta por *Las largas vaca-*

ciones del 36 se han centrado prioritariamente en la memoria familiar, en la vicisitud de familias burguesas a ambos lados del frente. En el lado republicano se situaban títulos como *La plaça del diamant* (P. Betriu, 1982) o *Las bicicletas son para el verano* (J. Chávarri, 1984), mientras que del franquista cabría citar *Retrato de familia* (A. Giménez Rico, 1976) o *El hermano bastardo de Dios* (B. Rabal, 1986). Tampoco faltan los filmes de carácter biográfico, como *Companys* (J. M. Forn, 1978), *Las memorias del general Escobar* (J. L. Madrid, 1984), *Dragón Rapide* (J. Camino, 1986), *A los cuatro vientos* (J. A. Zorrilla, 1987) y *Lorca, muerte de un poeta* (J. A. Bardem, 1988). Y junto a ellos, algunas adaptaciones literarias, como *Soldados* (A. Ungría, 1978), a partir de *Las buenas intenciones*, de Max Aub, y en torno a la clausura de una tormentosa historia de amor en los últimos instantes de la guerra; o *Réquiem por un campesino español* (P. Betriu, 1985), según la significativa obra de Ramón J. Sender. Finalmente, la guerra vista desde una dimensión excepcional, de personajes marginales, como es el caso de *La guerra de los locos* (M. Matji, 1987) o *¡Ay, Carmela!* (C. Saura, 1990), o bien desde un prisma humorístico, desdramatizador, pero también banalizador, caso de *La vaquilla* (L. G. Berlanga, 1984) o de *Biba la banda* (R. Palacios, 1987).

Ante este panorama no deberían dejar de aparecer algunas preguntas: ¿por qué no existe una representación épica de la guerra civil? ¿Dónde están los filmes que aborden algún intento de interpretación o explicación, más allá del simple cainismo español? ¿Y por qué son tan escasos los filmes planteados desde la perspectiva de clase del proletariado, frente al predominio de la visión burguesa? ¿A qué se debe que en la mayor parte de filmes se sostenga esa visión «centrada» y «consensuada»? ¿Por qué nuestro cine se ha obligado a asumir tópicos mentirosos del tipo «Todos perdimos la guerra», «No fue posible la paz» o «La culpa fue de todos», en vez de denunciar los fundamentos reales de la agresión antidemocrática que causó la guerra? Ciertamente se han hecho bastantes filmes sobre la guerra, pero, ¿cuántas cosas quedan por tratar o decir fílmicamente sobre un tema que precipitadamente se ha querido ver como clausurado o reducido al ámbito de la memoria personal o familiar?

Mucho de lo dicho hasta aquí nos introduce ya en la revisión fílmica de las dos primeras décadas de posguerra y el conjunto del período franquista, más numerosas incluso que las del bloque anterior. La radicalidad de *Pim, pam, pum... ¡fuego!* raras veces se ha visto igualada, ni siquiera por *La colmena* (M. Camus, 1982), a pesar de que la novela de Cela que la inspirara en su momento se tuviera que publicar en Buenos Aires por la prohibición censora. Los relatos centrados en el devenir familiar han ocupado un lugar importante, por ejemplo en el cine de Manolo Gutiérrez —*Demonios en el jardín* (1982) y *La mitad del cielo* (1986)— o en obras como *El sur* (V. Erice, 1983), *Los santos inocentes* (M. Camus, 1984), *Últimas tardes con Teresa* (G. Herralde, 1984) y *El llarg hivern* (J. Camino, 1991), mientras que unas relaciones amorosas conflictivas por el asfixiante contexto han motivado títulos como *Los días del pasado* (M. Camus, 1977), *Las cosas del querer* (J. Chávarri, 1989) —que además plantea la dificultad de vivir en aquella España para alguien «distinto» como un cantante homosexual de éxito— o *La viuda del capitán Estrada* (J. L. Cuerda, 1991), siendo el de Camus uno de los menos recordados y en cambio mejores filmes de toda la serie. Precisamente *Los días del pasado* introducía en el territorio fílmico un personaje excluido durante décadas: el maquis. Sobre ese mismo tema giraría otra obra mayor de Manolo Gutiérrez, *El corazón del bosque* (1978), uno de los pocos ejemplos en el que la trama argumental intersecciona con el análisis de una circunstancia sociohistórica general, rompiendo así la casi exclusividad de las historias privadas que, todo lo más, alcanzan una consabida dimensión metafórica. También sobre el maquis trata *Luna de lobos* (J. Sánchez Valdés, 1987), mientras que dos de los últimos filmes —*14 estaciones* (A. Giménez Rico, 1991) y *Beltenebros* (P. Miró, 1991)— se centran en la oposición política clandestina en los años cuarenta.

Dentro de las crónicas personales de los tiempos del franquismo habría que situar algunos otros títulos: *El año de las luces* (F. Trueba, 1986), sobre la dificultosa educación sexual y sentimental

Las bicicletas son para el verano (1983), de Jaime Chávarri

Amantes (1991), de Vicente Aranda

de un muchacho recluido en un sanatorio en la muy inmediata posguerra; *El viaje a ninguna parte* (1986), donde Fernando Fernán-Gómez nos narra las vicisitudes de un cómico trotamundos en esos tiempos; *Espérame en el cielo* (A. Mercero, 1987), sobre un supuesto doble del general Franco; y *Guarapo* (T. y S. Ríos, 1988), que narra la fallida empresa de salir de una isla canaria frente a los deseos del cacique franquista.

Y junto a ellos, hemos dejado para el final la obra de Vicente Aranda, tal vez la más coherente sobre la cotidianeidad durante el franquismo. Cuatro filmes ha dedicado Aranda al asunto: *Si te dicen que caí* (1989), basada en la novela de Marsé y centrada en la inmediata posguerra barcelonesa; *Tiempo de silencio* (1986), ahora a partir de la obra clave de Luis Martín Santos, que podríamos ubicar en los primeros cincuenta, y que se constituye en una espléndida aproximación a la angustia de la vida en la «colmena» española del momento; *Amantes* (1991), donde un violento suceso pasional y criminal permite otra aproximación a la dificultad de la vida sentimental en el clima de aquella España; y *El Lute, camina o revienta* (1987) y *El Lute, mañana seré libre* (1988), en las que tomando como referencia las propias memorias del protagonista, Aranda reconstruye las vicisitudes de un «quinqui» delincuente capaz de constituirse en uno de los grandes mitos de los años sesenta, no lejos de la tradición popular del bandolerismo español. En una línea narrativa que va desde el naturalismo más clásico —*Amantes*— hasta la perspectiva del cine de aventuras —*El Lute I*— o incluso con elementos de comedia —*El Lute II*—, pasando por la complejidad del entramado narrativo de *Tiempo de silencio* y sobre todo *Si te dicen que caí*, el cine de Aranda le ha ido afirmando como uno de los profesionalmente más sólidos narradores del cine español, pero también como una personalidad alejada de los peores estigmas del cine «de autor».

En términos generales, el cine español posfranquista ha sido más duro y radical en estas historias de posguerra —que sin embargo siempre escapan al territorio de lo explícitamente político—, que no en las mismas aproximaciones a los tiempos bélicos. Esos «cuarenta años» han sido, pues, el escenario de algunas de nuestras mejores películas del período, no ya dentro del cine histórico, puesto que precisamente muchos de esos filmes rehúyen esa identificación, para convertirse en historias de amor, pasión, poder, maldad, etc., de todos los tiempos.

Sin querer hacer un repaso exhaustivo, no podemos limitar la ficción histórica a nuestro siglo. Desde *Los cántabros* (J. Molina, 1980) hasta las guerras carlistas en *Crónica de la guerra carlista* (1988) o *Santa Cruz, cura guerrillero* (1991), de José María Tuduri, diversos episodios de la historia de España o de alguna de sus comunidades diferenciadas han ido apareciendo en nuestras pantallas. Resulta curioso que los filmes referencialmente más distantes —por ejemplo de la Edad Media— hayan sido abordados en esa perspectiva «autonómica», a modo de búsqueda de las raíces propias y diferenciales, frente a la ausencia de toda la épica castellana de la «Reconquista» durante estos últimos quince años. Sea en clave vasca —*La conquista de Albania* (A. Ungría, 1983)—, catalana —*Daniya* (C. Mira, 1988) y *Tramontana* (C. Pérez Ferré, 1991)—, valenciana —*La portentosa vida del padre Vicente* (1978)— o andaluza —*Al Andalus* (A. Tarruella/J. Oriol, 1988)—, las más de las veces no han pasado de imaginativas reconstrucciones de una idea de lo medieval, sin apenas rigor histórico.

Paradójicamente, el bloque de filmes que aborda la España imperial, incluso del Siglo de Oro —es decir, el momento más brillante de la historia castellana— abunda en un tono crítico y alejado de cualquier triunfalismo. Por ejemplo, la ardua empresa de la conquista de América sólo ha merecido la atención de dos escasos filmes, una inane producción aventuresca —*La monja Alférez* (J. Aguirre, 1986)— y una más bien fallida superproducción, *Eldorado* (C. Saura, 1988), siempre a medio camino entre la aventura y la parábola sobre la violencia y el poder en clave de idiosincrasia vasca. No han faltado tampoco las aproximaciones a aspectos oscuros, como la Inquisición en *El hombre que supo amar* (M. Picazo, 1976), filme prácticamente secuestrado por la orden religiosa que lo financiara en buena parte, *El segundo poder* (J. M. Forqué,

1976) y sobre todo *Akelarre* (P. Olea, 1984) y *Extramuros* (M. Picazo, 1985), a partir esta última de la novela de Jesús Fernández Santos; o la decadencia de la dinastía de los Austria en *Jalea Real* (C. Mira, 1981), centrada en los problemas sucesorios de Carlos II. Sin valer gran cosa ni cinematográfica ni históricamente, se nos aparecen excursiones aventurescas como la risible *La espada negra* (F. Rovira-Beleta, 1976), sobre los años mozos de Isabel y Fernando, o la más digna *Viento de cólera* (P. Sota, 1988), ambientada en los valles vascos; la erótica de *La lozana andaluza* (V. Escrivá, 1976), según el clásico de Delicado; o la pasional *Fuego eterno* (J. A. Rebolledo, 1985).

En la dimensión de obras ambiciosas pero fallidas habría que situar *Luces y sombras* (J. Camino, 1988), donde una banal historia sentimental contemporánea se entremezcla con una fantasía en torno a *Las Meninas* velazqueñas, sin lograr una correcta imbricación ni saber explotar a fondo las sugerencias foucaultianas que se adivinan en su trasfondo. Tampoco Carlos Saura acertó en su intimista aproximación al gran místico San Juan de la Cruz en *La noche oscura* (1989), a pesar del esfuerzo de un actor progresivamente reconocido como Juan Diego. En cambio, mucho más cerca del logro absoluto —en la respectiva medida de sus ambiciones— hay que situar dos filmes muy recientes: una comedia de considerable eficacia y simpatía, *El rey pasmado* (I. Uribe, 1991), auténticamente insospechada dada la trayectoria de su artífice; y una fantasía sobre el mito de Don Juan, *Don Juan en los infiernos* (G. Suárez, 1991), que se convierte en una bella reflexión sobre la vida, el amor y la muerte. De hasta qué punto los valores de cierto cine español se sustentan en la presencia de un inacabable manantial de intérpretes son ejemplo esos tres filmes, donde además del citado Diego, un joven —Gabino Diego— y un veterano —Fernando Guillén— constituyen sendos personajes básicos y perfectos.

Si hubiese que buscar un ejemplo de cómo una cinematografía puede aproximarse a la idea de «cine oficial», ése podría ser *Esquilache* (J. Molina, 1989), filme conmemorativo a la mayor gloria del borbón Carlos III —¡qué lejos de *Jalea real*!— y de su despotismo ilustrado ejemplificado por el incomprendido Esquilache; de una tacada, dinastía y partido gobernante quedaban enaltecidos por la vía histórica, en un filme cuyos únicos momentos de interés volvían a correr a cargo de sus intérpretes. Si nos olvidamos piadosamente de la aventuresca *Capitán Escalaborns* (C. Benpar, 1990), sólo otro filme —también de producción catalana, aunque hablado en inglés—, *El vent de l'illa* (G. Gormezano, 1988), aparece enmarcado en el siglo XVIII. Pero el interés de esta *opera prima* del fotógrafo de las películas de Guerín radica en su excepcionalidad, debida a someterse a una voluntad estilística que rehuye los convencionalismos de la ficción histórica al uso para aproximarse a los más arriesgados —y discutidos— territorios de cineastas como Greenaway o Allio.

También sería aconsejable olvidar la producción sobre el siglo XIX, lastrada por las insustanciales adaptaciones novelísticas o las insignificantes propuestas aventurescas tipo *Curro Jiménez*, si no fuese por un filme de insólita factura y muy relativa adscripción española: *Remando al viento* (G. Suárez, 1988). Rodado fuera de España, con actores ingleses y en inglés, se centra en las relaciones entre el matrimonio Shelley, Byron y Polidori en el enfervorecido ambiente romántico, a través de una realización no ajena al esteticismo pero con momentos de indiscutible belleza. En conclusión, pues, podemos decir que la ficción histórica del posfranquismo ha seguido una línea cuantitativamente constante y notablemente irregular en cuanto a su interés fílmico e historiográfico.

c) *El polimorfo despertar sexual*

Junto con la historia, el territorio prohibido del franquismo era, notoriamente, el sexo. Si hablábamos de la recuperación de la memoria escamoteada, el cine posfranquista no podía dejar de lado la reivindicación de lo sexual en un cine que habían querido castrado. Por supuesto, durante los cuarenta años el sexo estuvo presente, de formas a veces algo oblicuas, metafóricas —pensemos en el propio Saura de *Peppermint frappé* o *Ana y los lobos*—, y en dobles sentidos a veces mucho más soeces que la alusión directa, tal como ocurriera con las comedias «sexy» de los sesenta y setenta; ahora, empero, se trataba de alcanzar la explicitud sexual.

Entrados en este asunto, debemos distinguir al menos dos tipos de «sexualización» del cine español posfranquista, tras los ridículos escarceos «destapistas», que sin embargo correspondían a una creciente necesidad de llevar al terreno del cine lo que iba siendo la normalidad social. El primer tipo lo encontramos en aquellos filmes —muy numerosos— interesados únicamente en la simple explicitud, es decir, en el exhibicionismo de las formas de relación sexual, empezando por el mero desnudo y ascendiendo en la escala hacia el *soft* y el *hardcore*. Esa escala que partió del «destape», pasaría sobre todo por el cine calificado como «S» y culminaría, reducido ya al *ghetto*, en la producción «X».

El cine «S» nacional nació en Cataluña, de la mano de un productor oportunista —Isidoro Llorca—, un director obediente —el chileno Enrique Guevara— y una actriz eficaz —Raquel Evans, hermana del anterior—, con una serie de filmes iniciada por *Una loca extravagancia sexy* (1977) y *Jill* (1977). Abierta la espita, caerían carretadas de ínfimas producciones incapaces de satisfacer a cualquier público no predispuesto de antemano, servidas por los más oscuros artesanos, como el ínclito Ignacio F. Iquino, supuesto director (con algunos «negros» a su servicio) de filmes como *Los violadores del amanecer* (1978), *Las que empiezan a los 15 años* (1978), *¿Podrías con cinco chicas a la vez?* (1979), *La caliente niña Julieta* (1980), *La desnuda chica del relax* (1981), *Jóvenes amiguitas buscan placer* (1981), *Inclinación sexual al desnudo* (1981), *Los sueños húmedos de Patrizia* (1981) o *Esas chicas tan pu...* (1982). Pero a otros cineastas —entre los que cabría destacar a Jesús Franco— se debían, en ese período 1978-1982, otros muchos títulos tan explícitos como *Atraco a sexo armado*, *Con las bragas en la mano*, *Doctor, ¿estoy buena?*, *Jóvenes viciosas*, *La masajista vocacional*, *Las verdes vacaciones de una familia bien*, *Mírame con ojos pornográficos*, *Vacaciones al desnudo*, *Viciosas al desnudo*, *Aberraciones se-*

xuales de una mujer casada, La chica de las bragas transparentes, Sadomanía, Orgía de ninfómanas, etc. Más allá del interés de un análisis semántico de esos títulos, obsesionados por prefigurar en su propia explicitud la prometida en la película y permitir algún tipo de distinción en un territorio completamente homogéneo, no dedicaremos mayor atención a esa oleada que acabó de un día para otro, al retirarse la calificación «S» y pasar a la semiclandestinidad de la «X».

El segundo tipo de presencia de lo sexual en el cine posfranquista se situaría en el territorio de lo que llamaríamos «erotismo» (¿fino?). Se trata de algunos filmes —pocos— donde sin renunciar al exhibicionismo y al sexo más o menos duro, no se limitan a ellos y proponen algún tipo de reflexión sobre los propios mecanismos de lo sexual. Son filmes donde lo sexual —con una presentación más o menos acentuadamente erótica— centra la atención, se convierte en núcleo argumental pero sin desgajarlo de las restantes constantes del comportamiento humano. Y en ellos también empieza a manifestarse la eclosión del polimorfismo sexual, es decir, de la variedad de formas de relación que la propia represión franquista había reprimido con mayor saña o, lo que es peor, convertido en objeto de burla y vergonzante explotación: homosexualidad, transexualidad, incesto, fetichismos, «perversiones» varias, etc.

Así, el polimórfico despertar sexual del cine español podría remontarse a *Cambio de sexo* (V. Aranda, 1977), debut de la entonces jovencísima Victoria Abril, luego la mejor actriz española de su generación, en torno a un caso de transexualismo, tema sobre el que volverá *Vestida de azul* (A. Giménez Rico, 1983). Tras el filme de Aranda encontramos obras aisladas que se centran en temas como la homosexualidad —*A un Dios desconocido* (J. Chávarri, 1977), *Los claros motivos del deseo* (M. Picazo, 1977), *Las cosas del querer* (J. Chávarri, 1989)— y el travestismo —*Ocaña, retrat intermitent* (V. Pons, 1978), *Un hombre llamado Flor de Otoño* (P. Olea, 1978)—, el sexo colectivo —*L'orgia*—, los amores con gran diferencia de edad —*A contratiempo* (O. Ladoire, 1981), *Pestañas postizas* (E. Belloch, 1982), *La senyora* (J. Cadena, 1987)—, la mujer fatal —*Lulú de noche* (E. Martínez Lázaro, 1985)—, el lesbianismo —*Calé* (C. Serrano, 1986), *Sauna* (A. Martín, 1990)—, el sadismo paidófilo —*Tras el cristal* (A. Villaronga, 1986)—, el incesto paterno —*Dedicatoria* (J. Chávarri, 1980), *La muchacha de las bragas de oro* (V. Aranda, 1980), *Diario de invierno* (P. Regueiro, 1988), *La blanca paloma* (J. Miñón, 1990)— o fraterno —*El sueño del mono loco* (F. Trueba, 1989), *Contra el viento* (P. Periñán, 1990)—, entre otras, como el pupurrí colectivo *Cuentos eróticos* (1979).

Pero más allá de esas obras aisladas, debemos centrar la atención en algunos cineastas que pueden considerarse —en diferente medida— especialistas en ese cine erótico o sobre asuntos sexuales. En clave suave cabría considerar a Jaime de Armiñán, que tras su primera aproximación al transexualismo con *Mi querida señorita* (1971), al amor onanista con *Un casto varón español* (1973) y a la iniciación sentimental con *El amor del capitán Brando* (1974), abordaría los amores en la vejez en *Nunca es tarde* (1977), los problemas sexuales femeninos a través del consultorio radiofónico de *Al servicio de la mujer española* (1978), los amores de una niña y un viejo en *El nido* (1980), y las frustraciones sexuales en *En septiembre* (1981). Lejos también del cine erótico, pero entrando de lleno en el valor social de lo sexual, nos aparece la obra siempre comprometida de Eloy de la Iglesia, capaz de abordar repetidas veces los problemas vinculados a la condición homosexual —*Los placeres ocultos* (1976), *El diputado* (1978), *Otra vuelta de tuerca* (1986)—, la insatisfacción sexual matrimonial —*La otra alcoba* (1976), *La mujer del ministro* (1981)—, el bestialismo (de la derecha) —*La criatura* (1977)— o la sexualidad juvenil, en toda su serie sobre la delincuencia juvenil y la droga.

Sin olvidar la fugaz contribución de Gonzalo García Pelayo —autor de *Vivir en Sevilla* (1978), *Frente al mar* (1979) y *Corridas de alegría* (1981)—, tal vez los otros dos nombres clave sean los de Bigas Luna y Pedro Almodóvar. Tras su humilde comienzo con *Tatuaje* (1976) y la experiencia adquirida en una serie de cortometrajes pornográficos para distribución por correo, Bigas Luna sorprendió a propios y extraños con *Bilbao* (1978), una de la obras más brillantes de todo el período, en torno a la claustrofóbica obsesión de un fetichista por una prostituta a la que cercará e intentará poseer a través de un sofisticado ritual, del que sin embargo sólo obtendrá una efímera satisfacción; más importante que su argumento, *Bilbao* destaca por su capacidad de crear unos ambientes y un clímax permanente, logrando a través de ellos transmitir el sentido de la vivencia de su protagonista. Menos lograda, *Caniche* (1979) no abandonaba esos senderos, ahondando aquí en las extrañas relaciones entre una mujer ya mayor y un joven de costumbres poco comunes. Tras la no menos extraña historia religioso-morbosa de *Renacer/Reborn* (1981), producida en los Estados Unidos, la obra de Bigas Luna proseguirá alrededor del sexo y el erotismo, sea en la revisitación del mito de *Lola* (1985) o en la adaptación del *best-seller* erótico *Las edades de Lulú* (1990).

Por su parte, Pedro Almodóvar ya había presentado un catálogo de rarezas sexuales en su primer largometraje, *Pepi, Luci, Bom y otras chicas del montón* (1980), prolongadas en el ambiente del sorprendente convento de monjas de *Entre tinieblas* (1983) y en algunos personajes colaterales de *¿Qué he hecho yo para merecer esto?* (1984). Más incisivos desde el punto de vista erótico son sus siguientes filmes: *Matador* (1986), estilizada reflexión —con simbolismos taurinos— sobre las relaciones entre sexo, amor y muerte; *La ley del deseo* (1987), cuyo personaje central es un transexual interpretado por la inefable Carmen Maura y donde las relaciones homosexuales desempeñan un papel fundamental; *Átame* (1989), sobre unas relaciones a medio camino entre el sadomasoquismo y el amor; y *Tacones lejanos* (1991), bordeando los territorios del incesto y penetrando en los del travestismo. Tal como ocurriera, en un registro muy distinto, con la obra de Bigas Luna, no se entendería el cine de Almodóvar sin esos elementos sexuales, a veces extraños y exagerados, pero en todo caso correspondientes a una determinada imaginería y unos determinados fantasmas que no dejan de recorrer la sociedad española de nuestros tiempos.

Una última cuestión: la presencia más o menos explícita del sexo desborda los filmes en los que éste se ofrece como pauta de refle-

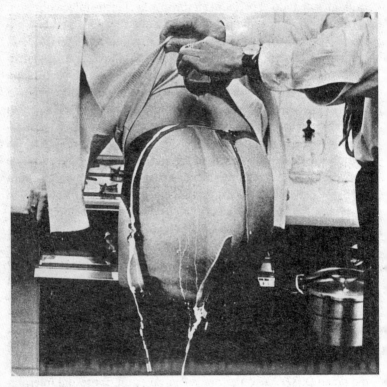

Bilbao (1978), de Bigas Luna

xión o núcleo argumental. Sea en el cine histórico —el coito entre los protagonistas de *La ciutat cremada* durante los combates de la Semana Trágica sería un buen arranque simbólico—, sea en el metafórico o simplemente en el costumbrista, el sexo se convierte en una forma de conducta y expresión más o menos normalizada, pero no hurtada a los ámbitos de expresión de nuestros cineastas, diríamos que incluso con mayor desinhibición que en el cine de otros países próximos.

d) *Un nuevo costumbrismo*

De una forma u otra, la sociedad posfranquista tal vez no representase un cambio radical en el terreno de las estructuras socioeconómicas del país, pero ciertamente sí que se vio caracterizada por un llamativo cambio en muchas de sus costumbres, bien fuese porque los hábitos reprimidos o disimulados surgiesen al exterior sin mayores ambages, bien porque arraigasen nuevas formas de relación y comportamiento. Evidentemente, ese carácter «externo» de las costumbres debía retomarse fílmicamente en la enésima convalidación del principio del doble y recíproco efecto de reflejo: el cine refleja la realidad social y ésta se ve influida por los modelos sociales divulgados desde aquél.

No podemos desarrollar el catálogo de las nuevas costumbres —o de su nueva forma de representación fílmica— a lo largo de los quince años que estamos repasando aquí. Ya en el apartado anterior nos referíamos a que la normalización de la presencia del sexo alcanzaba al conjunto del cine español y aún más marcadamente al cine más costumbrista, entre otras cosas porque buena parte de éste se ha centrado en la evolución de las relaciones entre sexos, junto con otros aspectos pertenecientes a la esfera de lo privado (crisis de madurez, insatisfacción ante el consumismo, disolución del tradicional núcleo familiar, cansancio ante cierto ritmo «moderno» de vida, las diversas formas de desencanto y pasotismo, etc.). En cambio, los grandes problemas planteados desde un punto de vista colectivo (como por ejemplo el paro, las reconversiones industriales, la actividad política, etc.) han resultado poco menos que ignorados por el cine, salvo cuando podían provocar aproximaciones más sensacionalistas que analíticas (la droga, la inseguridad ciudadana, etc.). De tal forma eso es así que cuando en el futuro el cine de este período deba convertirse en un testimonio de esos tiempos, no costará mucho catalogar el «cómo» vivían una buena parte de los españoles, pero desde luego faltará el «porqué».

Digamos que el costumbrismo cinematográfico puede plantearse, esquemáticamente, bajo dos prismas básicos: la comedia y el drama de costumbres. No cabe duda de que el posfranquismo cinematográfico ha tomado resueltamente la vía de la comedia, ya que en verdad son raros los filmes que abordan dramáticamente la actualidad —a diferencia de lo que ocurre con el cine de temática retrospectiva—, como si el cine debiera coadyuvar a la construcción de la imagen de una España feliz, confiada y desenfadada. Sin embargo, bajo ambos planteamientos los problemas son siempre los mismos: la dificultad de asumir la propia identidad, casi siempre por alguna «diferencia», como ser homosexual, joven, negro, extranjero o incluso simplemente mujer; las dificultades de relación de la pareja, el amor y el desamor; la insatisfacción con las normas de vida sancionadas socialmente, basadas en el éxito y la competitividad; el desencanto ante las ilusiones y esperanzas truncadas en los tibios tiempos del consenso; la soledad y cotidianeidad de la vida urbana; etc. La diferencia estará en el tono narrativo o en la posición desde la cual se nos estimule la reflexión o la complacencia; es decir, en esa dicotomía entre drama y comedia.

Aunque ya en los primeros tiempos de la reforma aparecen algunos filmes que giran sobre la dificultad de vivir en esa España con una perspectiva dramática —pensemos en filmes tan dispares como *Vámonos, Bárbara* (C. Bartolomé, 1977), *A un Dios desconocido* (J. Chávarri, 1977), *Las palabras de Max* (E. Martínez Lázaro, 1978) o *Con uñas y dientes* (P. Viota, 1978)—, es a finales de la década cuando se agudiza la sensación de crisis, de desencanto, de ausencia de un futuro esperanzador, que da lugar a filmes tan interesantes como olvidados del público, del tipo de *Sus años dorados* (E. Martínez Lázaro, 1980), *Gary Cooper que estás en los cielos* (P. Miró, 1980) o *El hombre de moda* (F. Méndez Leite, 1980), o algunos menos logrados, como *La campanada* (J. Camino, 1979) o *Función de noche* (J. Molina, 1981). Luego vendrá la renovada esperanza en el «cambio», que se iba a concretar en el triunfo socialista de octubre de 1982, momento a partir del cual la crítica de las costumbres dominantes, sin las coartadas del humor, quedaría a cargo de algunos francotiradores, autores de filmes casi insólitos en su contexto: *Los paraísos perdidos* (1985) y *Madrid* (1987), de

Basilio Martín Patino, *Mambrú se fue a la guerra* (F. Fernán-Gómez, 1986), *Tata mía* (J. L. Borau, 1986), *27 horas* (1986) y *Las cartas de Alou* (1990), de M. Armendáriz, *Werther* (P. Miró, 1987), *Sinatra* (P. Betriu, 1988), *Malaventura* (M. Gutiérrez Aragón, 1988), *El mejor de los tiempos* (F. Vega, 1990) y *Alas de mariposa* (J. Bajo Ulloa, 1991).

Las comedias del período reformista, aunque sonrían, no niegan la crisis de inmadurez y desencanto, consecuente a esa especie de infantilismo tan presente en *La mano negra* (F. Colomo, 1980), pero que se remonta al filme fundador, *Tigres de papel*, y alcanza su epicentro en *Opera prima*, troncos de los que partirán los especímenes de la comedia madrileña y que entronizan a Ladoire o Resines como modelo del nuevo hombre *hispanicus*; esa crisis que incluso se convierte en señuelo para un título como *Estoy en crisis* (F. Colomo, 1982), inaguantable colección de tópicos sobre el tema, lejos de la lucidez —por ejemplo— de *Cuerpo a cuerpo* (P. Viota, 1982). Pero los tiempos van a cambiar rápidamente y la comedia costumbrista va a empezar a transformarse en la exaltación de la «movida» almodovariana, el cosmopolitismo de la alta comedia —de *Sé infiel y no mires con quien* y *La noche más hermosa* en adelante— o el desenfreno madrileño introducido por *La vida alegre* (F. Colomo, 1987), y el barcelonés de los filmes de Bellmunt y seguidores. No repetiremos títulos, dado que buena parte de ellos ya nos aparecieron al hablar de la comedia como género.

VI
SOBRE AUTORES Y ESTILOS

Más allá de las bases económicas y político-legislativas, más allá de las recurrencias genéricas o las directrices temáticas, no podemos cerrar nuestro somero repaso del cine español de los dos últimos decenios, entendido como una manifestación cultural, sin tomar en consideración un aspecto básico: la aplicación de una posible política «de autor», en función de una idiosincrasia estilística razonablemente definida.

La primera parte de la cuestión nos remite a su vez a una pregunta básica: ¿quién hace cine en España durante ese período? Como ya señalábamos con anterioridad, el fin del franquismo coincidió con la progresiva desaparición o jubilación —por estrictos motivos de edad— de algunos de los más veteranos soportes del cine franquista, por lo general con más pena que gloria; tal fue el caso de Antonio del Amo, Luis Lucia, Luis Marquina, Manuel Mur Oti, José Antonio Nieves Conde, Juan de Orduña, Antonio Román, Arturo Ruiz-Castillo, José Luis Sáenz de Heredia, Tulio Demichelli o Ramón Torrado. Algunos de los supervivientes o de los integrantes de lo que se podría llamar la «generación de los cincuenta» han pervivido con diversa fortuna, ya que Rafael Gil o Pedro Lazaga desaparecieron en plena actividad; César F. Ardavín se dedicó al cortometraje; José M.ª Forqué se ha refugiado en la televisión; Antonio Isasi, Francisco Rovira-Beleta y Vicente Escrivá han espaciado al máximo sus trabajos, camino ya del abandono de la actividad profesional, tal como le ha ocurrido al casi incombustible Ignacio F. Iquino. De su labor, sin embargo, tan sólo cabe retener algún logro comercial, pero ni uno sólo en el terreno artístico, por lo que en este apartado podemos olvidarnos piadosamente de todos ellos. Añadamos que entre las desapariciones no podemos olvidar la del gran ausente del cine español, Luis Buñuel, que si bien falleció en 1983, firmó su última película en 1977.

Coetáneos a esa misma «generación de los cincuenta» aparecen tres figuras, evidentemente desgajadas de la ortodoxia franquista, que han seguido su labor en estos años: Juan Antonio Bardem, Luis García Berlanga y Fernando Fernán-Gómez. En el primer caso, ni el éxito artístico ni el comercial han acompañado su labor, completamente anónima por otra parte desde el punto de vista estilístico; es curioso que precisamente aquel cineasta que sorprendió en los años cincuenta con su inequívoca voluntad de estilo, que incluso le reportó acusaciones de formalismo y esteticismo, haya pasado a la mayor vulgaridad estilística, antes de refugiarse en el *biopic* televisivo. Por su parte, Berlanga sí ha seguido una relajada actividad cinematográfica, relativamente fiel a sus constantes estilísticas, aunque convertidas muchas veces en un nuevo academicismo al carecer de la virulencia crítica y satírica de sus mejores títulos. A partir de *La escopeta nacional* se puede detectar un progresivo reblandecimiento de su cine hasta llegar a la inocuidad —en todos los sentidos— de *Moros y cristianos*, incluyéndose en esa dinámica incluso un título tantos años anhelado como *La vaquilla*.

Distinta ha sido la trayectoria de Fernán-Gómez en su faceta de director. Tan irregular como en el resto de su carrera, sus primeros filmes de los años de la transición pasaron desde el convencionalismo de *Yo la vi primero* (1974) y *La querida* (1975) hasta la osadía mal acogida de *Bruja, más que bruja* (1976) o la incomodidad de *Mi hija Hildegart* (1977), lo que le llevó de nuevo a la trivialidad de *Cinco tenedores* (1979). Una larga pausa de siete años desembocó en el renovado ímpetu de tres notables filmes —*Mambrú se fue a la guerra* (1986), *El viaje a ninguna parte* (1986) y *El mar y el tiempo* (1989)—, no mantenido sin embargo en *Fuera de juego* (1991). Desiguales en su conjunto, cada uno de esos tres títulos contienen momentos memorables y sobre todo delatan la insobornable línea ética de un cineasta lejano al común conformismo, aun dentro del clasicismo narrativo.

El grueso de la actividad cinematográfica de estos últimos años

El viaje a ninguna parte (1986), de Fernando Fernán Gómez

ha venido de la mano, pues, de aquellos cineastas incorporados a la profesión durante los años sesenta, junto a la promoción surgida en los últimos momentos del franquismo y primeros años del posfranquismo. En el primer bloque se pueden distinguir básicamente dos grupos que por otra parte no son en absoluto homogéneos. Al primero deberíamos adscribir la nómina de los «profesionales» o artesanos, es decir, de aquellos directores sin mayor ambición artística y que se conforman con mantener una cierta solvencia industrial, en todo caso reconocida en taquilla; son los Aguirre —salvo en alguno de sus experimentos—, de la Loma, Lorente, Martín, Masó, Ozores, Bosch, Delgado, Fernández, Franco, Merino, Ramírez, Romero-Marchent, etc., que constituyen un conjunto absolutamente intrascendente desde la perspectiva artística, pese a su indudable significación industrial.

Mucho más importante ha sido la variada presencia de los antiguos exponentes del llamado «nuevo cine español», no sólo por su contribución personal al cine posfranquista, sino porque lo que llamaríamos la «ideología» del movimiento ha pervivido sustancialmente en el enfoque bajo el que se ha desarrollado mayoritariamente el reciente cine español. La suerte de aquellos cineastas en estos años ha sido diversa, puesto que en algún caso podríamos hablar de su simple desaparición de nuestras pantallas —caso de Julio Diamante y Jesús Fernández Santos— o de su sometimiento a un proceso de aguda degradación de su valor autoral, como precio de su continuidad profesional. Entre estos últimos aparecen tres ejemplos obvios: Manolo Summers, Angelino Fons y Jorge Grau. Aplicado a la explotación de diversos filones —el sexo adolescente, la cámara oculta, el peor *pop* musical hispano—, Summers se fue evaporando como sujeto del más mínimo interés artístico, pese a algún fallido intento de retornar a su primeriza comedia agridulce, como fuera *Ángeles gordos* (1980). No menos dramática ha sido la dimisión estética de Fons, que desde el interés «tercera vía» de *Emilia, parada y fonda* (1976) inició la definitiva decadencia que le llevaría a *El Cid cabreador* (1983). Y finalmente, si bien Jorge Grau no ha descendido a las simas de los dos anteriores, lo cierto es que su obra ha carecido de cualquier coherencia, más allá de algún logro aislado o de lamentables concesiones estéticas e ideológicas.

Tras el desplome del NCE en el último tercio de los años sesenta, la supervivencia profesional de sus integrantes no fue fácil. En algún caso, la televisión sirvió de refugio, desde el cual se producirían episódicos retornos al cine; ése fue el caso de Miguel Picazo, que recuperado sin éxito en los momentos del tardofranquismo —con la problemática *El hombre que supo amar* (1976) y la tímida *Los claros motivos del deseo* (1977)—, volvió a desaparecer hasta *Extramuros* (1985), cuidada pero no inspirada adaptación de la novela de Fernández Santos; pese a su notable reparto, el tímido éxito comercial del filme ha significado un nuevo paréntesis en su carrera. Tampoco fue fácil la continuidad profesional de Antón Eceiza, exilado en 1973 —lo cual significó que realizase dos filmes en México— y dedicado desde su retorno en 1979 al trabajo en el seno del cine vasco, en coherencia con su militancia *abertzale*, firmando diversos noticiarios (*ikuskas*), colaborando en algunas ediciones del Festival de San Sebastián y retornando al cine comercial con la apenas exhibida *Días de humo* (1989).

Otra fue la vía seguida por Basilio Martín Patino, dedicado durante bastantes años a la actividad documentalista, con su espléndida serie integrada por *Canciones para después de una guerra* (1971), *Queridísimos verdugos* (1973) y *Caudillo* (1975), además de un amplio trabajo de montaje sobre la guerra civil comercializado en vídeo. Después de diversas experiencias didácticas, Patino retornó al cine de ficción, veinte años después de *Nueve cartas a Berta*, con *Los paraísos perdidos* (1985), amarga reflexión sobre el pasado inmediato que fue injustamente acogida en su momento; a ella le sucedió un espléndido filme aún más desconocido, *Madrid* (1987), que no sólo demostraba su insobornable voluntad expresiva —que le constituye en uno de los pocos autores del momento, tal como luego demostraría su trabajo televisivo *La seducción del caos* (1991)—, sino su condición como el más brillante usuario del montaje en el cine español.

Tampoco fue sencilla la pervivencia artística del otro gran espíritu irreductible del NCE, Paco Regueiro. Junto a algunos notables trabajos televisivos, las sorprendentes aportaciones del autor de *El buen amor* al cine del tardofranquismo —*Cartas de amor de un asesino* (1972), *Duerme, duerme, mi amor* (1974) y *Las bodas de Blanca* (1975)—, alejadas en su excentricidad y tremendismo de cualquier «tercera vía», pero a la vez demasiado hirientes y poco pulidas como para entrar en el santuario del autor metafórico, significaron otro silencio de un decenio. Con *Padre nuestro* (1985), Regueiro consiguió un notable éxito comercial y de crítica sin rebajar apenas sus planteamientos; supo utilizar algunas estrellas nacionales en un argumento claro y lineal, sin que la apariencia narrativa clásica, alejada del esperpento y el exceso, disminuyese en absoluto su sentido irónico de una fábula cuyo anticlericalismo resulta sorprendente en el amorfo panorama cinematográfico hispano. Más radical —y por ende incomprendida e ignorada— fue la apuesta de *Diario de invierno*, que apoyada también en un espléndido guión hecho con Ángel Fernández Santos, se lanzaba a tumba abierta por los caminos del desgarro y el exceso, con una pasión y fuerza incomparables en el seno de nuestro reciente cine. Esa historia de incesto y miseria moral, de eutanasia y mística, de putas y frígidas, ese descenso a los abismos quedaba reflejado más allá del argumento o la intensidad de los diálogos, para desplegarse en la fuerza de cada una de sus imágenes, evocadoras de los mundos delirantes de Valle-Inclán o Buñuel.

Muy lejos de la intensidad y pasión creadoras de Patino o Regueiro, otros dos supervivientes del NCE han sido constantes y prolíficos protagonistas del cine español posfranquista. Uno de ellos, Carlos Saura, era el único que había accedido indiscutiblemente a la condición de autor antes de la muerte de Franco. Cómodamente instalado en ese sitial, su obra ha sufrido numerosas oscilaciones en estos años, sin excesiva merma de su prestigio en los ámbitos oficiales e internacionales, aunque sí en amplios sectores de la crítica. Una primera fase que completaba su etapa más intimista, vinculada a la presencia interpretativa de Geraldine Chaplin, con títulos como *Cría cuervos* (1975), *Elisa, vida mía* (1977) y *Los ojos vendados* (1978), luego inútilmente prolongada por *Dulces horas* (1981) y *Los zancos* (1984), se vio quebrada por una desafortunada autorreflexión paródica —*Mamá cumple cien años* (1979)— y una sorprendente, por vital, aproximación al mundo marginal juvenil, *Deprisa, deprisa* (1980), cuyo realismo casi fenomenológico se alejaba paradójicamente de la trilogía culturalista compuesta por *Bodas de sangre* (1981), *Carmen* (1983) y *El amor brujo* (1986).

La repercusión internacional de estos últimos filmes impulsó dos proyectos tan ambiciosos como fallidos: *Antonieta* (1982), rodada en México con dos estrellas como Hanna Schygulla e Isabelle Adjani, y *Eldorado* (1987). Tras el fracaso de esta revisitación del mito de Lope de Aguirre, perdido en las cenagosas aguas de las selvas

Padre nuestro (1985), de Francisco Regueiro

americanas, Saura retornó al intimismo, aunque también en clave histórica, con *La noche oscura* (1988), insuficiente aproximación al febril y sublime universo mental de San Juan de la Cruz, tratado con una asepsia desalentadora. Sin embargo, cuando la carrera de Saura parecía alejada no sólo de la crítica, sino del público, su versión de *¡Ay, Carmela!* (1990), basada en la eficacia interpretativa de Andrés Pajares, Carmen Maura y Gabino Diego, significó uno de sus mayores éxitos de público, ya que la vulgaridad de la puesta en escena fue incapaz de lastrar la fuerte sentimentalidad de la historia narrada.

Del otro cineasta al que nos referíamos, Mario Camus, sería difícil establecer las bases de su posible autoría. Habiendo sido el primero de los dimisionarios de los postulados implícitos del NCE, tras *Los farsantes* (1963) y *Young Sánchez* (1963), durante muchos años ejerció de «director para todo», al servicio de Antonio Gades, Raphael, Sara Montiel o la caligrafía literario-televisiva. En los primeros momentos del posfranquismo, sin embargo, destellaron minoritariamente un filme razonable —*Los pájaros de Baden Baden* (1975), retorno a Aldecoa— y *Los días del pasado* (1977), que posiblemente siga siendo su mejor obra, pese a pasar completamente desapercibido en su momento. Esos dos fracasos comerciales le llevaron a un parón cinematográfico de cinco años, donde sin embargo obtuvo un resonante éxito televisivo con la serie *Fortunata y Jacinta* (1979), según Galdós, que parece haber significado una toma de impulso, antes de convertirse en uno de los más paradigmáticos representantes del cine hecho durante el gobierno socialista. Primero fue *La colmena* (1982), plano y lamentable destrozo del clásico de Cela, que no iba más allá de la galería de estrellas patrias y la exhibición de chapuceros decorados años cuarenta; pero la culminación de su carrera llegó con *Los santos inocentes* (1984), máximo esfuerzo estilístico de toda su obra, aunque sus mayores calidades venían del impecable sostén de actores como Landa, Rabal, Pávez, Diego, etc.

Al máximo éxito le siguió, curiosamente, el mayor fracaso: *La vieja música* (1985), reflexión intimista sobre el desarraigo perjudicada por un muy débil guión; y entonces el retorno a la literatura más oficial, fuese con un clásico contemporáneo —*La casa de Bernarda Alba* (1987), según Lorca— o con la adaptación de una novelilla coyuntural del ex director del diario *El País*, Juan Luis Cebrián, intitulada *La rusa*. Y tras esos dos fracasos consecutivos, de nuevo el silencio cinematográfico durante unos años, si bien Camus ha seguido trabajando en televisión y colaborando en diversos guiones. A todo esto, ¿podemos hablar de la autoría de Camus? ¿Cuáles son las bases de un «estilo Camus»? No creemos posible contestar afirmativamente a esas demandas, puesto que, todo lo más, el cineasta depende del valor de sus materiales argumentales de partida y de los mimbres interpretativos que le sean dados, pero su capacidad de puesta en escena raramente es suficiente como para hacerse notoria en sí misma.

Coetáneo cronológicamente al NCE, José Luis Borau ha seguido un camino inverso, desde la no disimulada comercialidad de sus primeros filmes —el *western Brandy* (1963) y el *thriller Crimen de doble filo* (1964)—, pasando por un largo interregno de nueve años dedicados a la enseñanza cinematográfica y la producción, hasta el comienzo de su escasa trayectoria creativa con otro filme de género, *Hay que matar a B* (1973) y, sobre todo, *Furtivos* (1975). La mezcla de ambición y perfeccionismo que le caracterizan le llevaron a proyectos a la vez arriesgados e imposibles, como *La Sabina* (1979) —donde no logró conjugar las tan diversas variables manejadas— o *Río abajo* (1984), que satisfacía su ilusión de rodar en los Estados Unidos, pero que se convirtió en una especie de calvario por su accidentada producción, sin que como contrapartida se alcanzasen los logros estéticos merecidos por su empeño. Más modesta desde todos los puntos de vista, *Tata mía* (1986) tampoco correspondió a las esperanzas eternamente puestas en otro de esos pocos cineastas cuya ética personal predispone a la indulgencia frente a la constatación de unas debilidades que siempre impiden que sus filmes sean logros absolutos. Además, la propia variedad de planteamientos productivos y de intereses temático-genéricos han impedido la definición de un estilo propio, lo cual diluye el valor autoral de un cineasta sin embargo definitivamente lúcido.

Surgidos en las postrimerías del período del NCE y no adscritos formalmente a él, aparecen una serie de cineastas que ante la coyuntura cinematográfica de finales de los sesenta se vieron obligados a iniciarse profesionalmente en un cine comercial sin rebozos, para luego intentar saltar hacia mayores ambiciones creativas, siempre con variada fortuna. Entre los ejemplos que se pueden aducir estaría el de Pedro Olea, que tras insípidos productos destinados al público juvenil sorprendió con *El bosque del lobo* (1970), que junto a *Pim, pam, pum... ¡fuego!* (1975) y, en menor medida,

Un hombre llamado Flor de Otoño (1978), permanecen como lo mejor de su carrera, siempre al lado de debilidades nunca indignas pero sí muchas veces carentes de fuerza, caso de *Tormento* (1974), *La Corea* (1976), *Akelarre* (1983), *Bandera negra* (1986) o *El maestro de esgrima* (1992). También acostumbra a ser bajo el grado de riesgo estético del cine de los Antonio Giménez Rico o Antonio Mercero, siempre excesivamente dependientes del valor de sus argumentos e intérpretes, pero carentes de cualquier asomo de sublimación a través de una puesta en escena por lo general plana y poco inspirada; en definitiva, son de esos cineastas que posiblemente sean necesarios para el desarrollo de una producción comercial «media», pero que si no estuviesen presentes nadie notaría su ausencia o serían fácilmente reemplazados por cualquier otro.

Parecido en algún aspecto, pero con una mayor ambición autoral, resulta Jaime de Armiñán, muchas veces incapaz de sacar partido fílmico de sus ideas argumentales, al carecer de una voluntad estilística equiparable a sus deseos de constituir un universo poético personal, en todo caso sólo transponible en función de los intérpretes con los que contase. Aun así, no se puede olvidar la significación coyuntural de títulos como *Mi querida señorita* (1971) o *El amor del capitán Brando* (1974), posiblemente devaluados en su valor intrínseco por el paso del tiempo. El mayor mérito de Armiñán aparece en su búsqueda de personajes o situaciones relativamente insólitas —*Nunca es tarde* (1977), *El nido* (1980), *Stico* (1984), *La hora bruja* (1985), *Mi general* (1987)—, que las más de las veces quedan a mitad de camino, puesto que en el fondo, nunca ha sobrepasado su condición de buen argumentista, sobre todo televisivo. Otro tipo de voluntad estilística —a la que ya nos hemos referido suficientemente, pero que pertenecería a esa promoción de debutantes en la comercialidad de las postrimerías de los sesenta— ha sido la de Eloy de la Iglesia, que conjuga la indudable condición de autor, con la ausencia de las pretensiones artísticas que acostumbran a asociarse a ese término.

Entre los cineastas procedentes de los años sesenta hay que abrir un bloque referido a aquellos enclavados en el núcleo barcelonés, sólo en algún caso vinculados al efímero estallido de la «Escuela de Barcelona». Debemos dejar de lado el caso de Pere Portabella, que tras su experimental *Informe general* (1977), cambió el cine por la política durante trece años, hasta su reaparición con *Pont de Varsovia* (1990), filme también arriesgado y experimental pero con un cuidado formal y un despliegue de inventiva visual que hacen lamentar su alejamiento del cine. Mucho más importante ha sido la contribución al cine español del posfranquismo por parte de los dos directores también vinculados al movimiento barcelonés: Gonzalo Suárez y, sobre todo, Vicente Aranda.

Habiendo sido tal vez uno de los más radicales exponentes del experimentalismo asociado al movimiento barcelonés, el fracaso comercial alcanzado le obliga a una penosa travesía del desierto, bajo la forma de una etapa de supuesta comercialidad —entre 1972 y 1976— que merece un piadoso olvido. Con los aires posfranquistas, Suárez intenta recuperar su voluntad autoral, siempre fundamentada en su previa trayectoria teatral, periodística y novelística, con dos filmes —*Parranda* (1977) y *Reina Zanahoria* (1978)— que pese al interés de la crítica vuelven a fracasar en la taquilla. Como en tantos otros casos, Suárez se ve obligado al silencio durante años, y como en otros casos ya mencionados, será a mediados de los ochenta cuando retornará con tres filmes que le permiten recuperar la estima crítica y el suficiente respaldo comercial como para poder seguir su carrera: *Epílogo* (1984), que resucita el universo auténticamente propio de sus primeros experimentos; *Remando al viento* (1988), rodada en inglés y que ofrece un formalmente esmerado trabajo de reconstrucción referencial del enfebrecido momento romántico, tan sólo que carente de cualquier febrilidad en su puro esteticismo; y *Don Juan en los infiernos* (1991), libre interpretación del texto de Molière que se convierte en la más imaginativa, arriesgada y lograda de las tres. Esos filmes nos muestran lo mejor —la inspiración argumental, la preocupación formal, la inventiva visual— y lo peor —los excesos «literarios», la prepotencia y el narcisismo autoral— del cineasta, que cuando no acierta puede llegar a caer en el ridículo de *La reina anónima* (1992). A diferencia de

Remando al viento (1988), de Gonzalo Suárez

la mayoría, Suárez aparece como demasiado convencido de su valor como autor...

Durante mucho tiempo la actitud de Vicente Aranda ha sido precisamente la contraria: la convicción de una mera profesionalidad que sin embargo ha ido abriéndose hacia el reconocimiento generalizado de una valía media incontestable. Si sus primeros filmes del período posfranquista —como *Clara es el precio* (1974), *Cambio de sexo* (1977), *La muchacha de las bragas de oro* (1980) o *Asesinato en el Comité Central* (1982)— ofrecían valores aislados, su prolífica labor desde mediados de los ochenta le ha llevado a la plenitud creativa por dos vías convergentes: el filme criminal y la crónica histórica. Tras la impecable inmersión en la «serie negra» que significó *Fanny Pelopaja* (1984), sus siguientes filmes han ido constituyéndose en un retablo de la España franquista, siempre con un trasfondo de sexo, violencia y muerte, sin parangón en nuestra cinematografía. Con una narrativa clásica, aunque no carente de «fugas» en sus adaptaciones literarias más arriesgadas —de Martín Santos a Marsé—, y con un siempre competente aprovechamiento de unos intérpretes encabezados por la emblemática y espléndida Victoria Abril, Aranda ha recorrido los momentos de la inmediata posguerra barcelonesa en *Si te dicen que caí* (1989), del Madrid de los años más duros del franquismo en *Tiempo de silencio* (1986) o *Amantes* (1991), y del contraste entre la España desarrollista de los sesenta y los viejos mitos del bandolerismo y las etnias marginales en las dos partes —tan diferentes entre sí— de *El Lute* (1987-1988). Pero además del ajuste argumental, en sus filmes cabe resaltar la exquisita precisión narrativa y una elegancia visual que pese a la aparente ausencia de estigmas autorales dota a sus filmes de una solidez admirable.

También con origen en el ámbito catalán, aunque fuera de la «Escuela de Barcelona», hay que revisar la obra de Jaime Camino, cineasta especialmente preocupado por el recuerdo de la guerra civil, ya presente en su *España otra vez* (1968), pero confirmado con títulos como *La vieja memoria* (1977), el mejor montaje documental sobre el tema; *Dragón Rapide* (1986), que conjuga una brillante aproximación a la figura de Franco con una trama conspirativa mucho menos lograda; y *El llarg hivern* (1991), sobre los momentos de la caída de Barcelona, filme también descompensado entre sus partes más intimistas y las más épicas. Esa irregularidad ya presente en sus mejores filmes, se hace más patente —y grave— en los de temática contemporánea, como *La campanada* (1979) y *Luces y sombras* (1988), pese al interés de la trama de partida de esta última. No abandonaremos ese bloque «catalán» procedente de los años sesenta sin recordar las fugaces aportaciones al cine histórico catalán de Antoni Ribas y Josep Maria Forn, siempre coyunturales y de escaso valor intrínseco, como la obra posterior a *La ciutat cremada* (1976) y *Companys, procès a Catalunya* (1978) confirmarían, sumergiendo a ambos cineastas en mucho menos que la mediocridad artística.

Abandonamos el papel desempeñado por los cineastas debutantes en los sesenta con una obvia observación: en casi todos los casos, tras un fallido intento de recuperación de sus ambiciones pretéritas en los primeros momentos del posfranquismo, sigue un período de silencio —tal vez ante las preferencias por los nuevos nombres asociados al «cambio»— y una resurrección muchas veces gloriosa a partir de las medidas Miró, a mediados de los ochenta. Pero, ¿quiénes eran esos nuevos cineastas que debían ofrecerse como representantes manifiestos del renovado cine español? También en muchos casos sus antecedentes cinematográficos se remontaban a finales de los sesenta y primeros setenta, aunque en sectores marginales, como la televisión, el cortometraje o la crítica. De entre esa promoción ya hemos establecido algunas diferencias según la «vía» de entrada en la producción española; parece claro que aquellos que como Bodegas o Drove se alinearon en la «tercera vía», daban prioridad a una concepción «profesional» de su labor fílmica sobre los estigmas autorales, en cambio patentes en los frecuentadores de la vía «metafórica», encabezados por Erice, Gutiérrez Aragón o Chávarri, luego seguidos por Ricardo Franco y Martínez Lázaro; y más cerca de los primeros que de los segundos cabría situar algunos otros de los debutantes en el tardofranquismo, caso de García Sánchez, Betriu, Miró o Josefina Molina, que completan el conjunto de lo que podríamos considerar la «generación del tardofranquismo».

La siguiente oleada viene dada ya por aquellos cineastas que aun pudiendo tener —aunque no en todos los casos— la misma edad que los recién indicados, no comienzan su labor profesional hasta los tiempos del primer posfranquismo. Se trata de los Garci, Colomo, Méndez Leite, Cuerda, Díez, Hermoso, del Real, etc., que culminan con los pioneros de una nueva generación que despunta en los primeros ochenta y que podrían verse representados por Trueba y Almodóvar. A ellos habría que añadir los exponentes del centro de producción barcelonés, con nombres como Bellmunt, Cadena, Herralde, Mira, Pons y Bigas Luna. A partir de ahí, los años ochenta se caracterizarán por la continuidad de la labor de todos los citados hasta aquí, más o menos mezclados, ya que difícilmente se puede hablar de grupos o tendencias que vayan más allá de las colaboraciones basadas en la amistad o la coyunturalidad, junto con las sucesivas incorporaciones de nuevos cineastas, que en verdad han sido mucho más numerosas de lo que parece, aunque de escasa relevancia.

Porque, en verdad, ¿qué significación han tenido en el devenir de la cinematografía española la inmensa mayor parte de esos debutantes? Estamos recordando, sin ser exhaustivos, a los Abril, Alberich, Alcázar, Aller, Andreu, Arandía, Ariño, Aute, Balagué, Barrera, Belén, Blanco, Bollain, Bonete, Cabal, Campoy, Canet, Caño, Carreño, Coixet, Contel, Cuevas, Cussó, Chavarrías, del Río, Díez, Elorriaga, Elorrieta, Escamilla, Esteban, Esteban Rivera, Fáver, Ferré, Ganga, García Pinal, Gómez Olea, Gómez Pereira, Guardiet, Hernández, Herrero, Iborra, Lertxundi, Linares, Lozano, Lucio, Llagostera, Marcos, Martí, Martín, Menéndez, Miñón, Monleón, Muñoz, Ortuoste, Palmero, Pérez Ferré, Pérez Tristán, Periñán, Piñeiro, Rabal, Rebollo, Rebolledo, Rodríguez, Rotaeta, Sacristán, Salgot, San Mateo, Sánchez Valdés, Sanz, Serrano, Suárez, Tellería, Tuduri, Valls, Verdaguer, Vergés, Urbizu, Villaverde, etc.

De entre ellos, cabe señalar algunos filmes comerciales estimables, como *Ovejas negras* (1989), de Carreño; *En el jardín* (1989) y *Manila* (1991), de Chavarrías; *Salsa rosa* (1991), de Gómez Pereira; *El baile del pato* (1989), de Iborra; *Luna de agosto* (1986) y *La blanca paloma* (1990), de Miñón; *El placer de matar* (1988), de Rotaeta; *Soldados de plomo* (1983), de Sacristán; *Boom, boom* (1990), de Vergés; *Todo por la pasta* (1991), de Urbizu; y un corto etcétera, perdido entre un cúmulo de ambiciones y pretenciosidades sin base ni sentido, o de simples deseos de lograr un éxito, por anónimo que fuese, capaz de permitir una rápida instalación en la vida profesional cotidiana. Sin duda que la ausencia de un mercado comercial para el cortometraje, unida a la existencia de unos cauces pedagógicos razonables y una sobreayuda para los debutantes, han repercutido en ese general vacío de interés entre los cineastas debutantes durante los ochenta, de tal forma que el grueso cualitativo de nuestra producción haya seguido recayendo en los veteranos de los sesenta o en los protagonistas del período reformista.

No obstante, establecida la tónica general, no podemos dejar de plantear las lógicas excepciones, las de aquel puñado de debutantes que aspiran a desarrollar una obra personal con suficiente fundamento, es decir, con algo más que su ilusión y empeño, de tal forma que nazca el interés por poder seguir su trayectoria futura. No es de extrañar que algunas de esas excepciones se hayan situado en un diverso grado de marginalidad, derivado de su propia radicalidad. No quiere ello decir que falten los casos de plena inserción en los módulos comunes de la producción española de un cierto nivel, como ejemplificaría el Montxo Armendáriz de *Tasio* (1984), *27 horas* (1986) o *Las cartas de Alou* (1990), pero en términos generales, el cine de los José Luis Guerín, Felipe Vega, Agustí Villaronga, Jesús Garay, Gerardo Gormezano o Juanma Bajo Ulloa, ha acostumbrado a situarse en la periferia de la producción cinematográfica convencional.

Resulta evidente que no podemos hacer un seguimiento particularizado de las carreras de los cineastas surgidos desde los tiempos del tardofranquismo, debido a los límites de este libro. Por otra parte, muchas de sus películas más destacables han estado presentes en páginas anteriores, encuadradas, eso sí, en la perspectiva genérica o temática. Así pues, lo que aquí nos interesa es retornar a la búsqueda de unas pautas estilísticas diferenciales entre los diversos cineastas, eso que solemos identificar con la condición de autor.

Nadie puede dudar de la condición de autor por parte de un cineasta como Erice, que con tan sólo tres largometrajes distanciados por veinte años, ha marcado diferencias siderales respecto al resto. Pese a los problemas de producción que castraron el pleno desarrollo de *El sur* (1983), este filme supo confirmar muchas de las cualidades desveladas por *El espíritu de la colmena*, tanto en la atención hacia un universo temático personal —las relaciones hija/padre, el acceso al conocimiento, la reflexión sobre el Bien y el Mal, la incidencia de mitos y rituales sobre la infancia y adolescencia, etc.— como en lo referente a la definición de una forma de

Los motivos de Berta (1984), de José Luis Guerín

puesta en escena no menos personal, donde la luz y el tiempo se convierten en las materias vivas de una expresión fílmica que se hace poco menos que autosuficiente, como demostrará su tercer largometraje, *El sol del membrillo* (1992).

Con una obra mucho más prolífica —tal vez demasiado—, nos aparece Manolo Gutiérrez Aragón, permanente contador de fábulas, sea en el medio rural —*Habla mudita*, el guión de *Furtivos*, *El corazón del bosque*, *Demonios en el jardín*, *Feroz*, la primera parte de *La mitad del cielo*—, sea en el urbano —*Camada negra*, *Sonámbulos*, *Maravillas*, *La noche más hermosa*, *Malaventura*—, capaz de enhebrar apasionantes relatos, para muy pocas veces sacarles sus máximas posibilidades. El caso de Gutiérrez es un buen ejemplo de un cineasta al que no le falta personalidad y voluntad expresiva personal, de tal forma que todos sus filmes se vinculan inequívocamente, pero que no ha sido capaz de llevarlas más allá de los elementos argumentales, sin trascenderlas mediante una puesta en escena equiparable en su singularidad. Son la fuerza de las situaciones, lo atractivo de sus personajes —casi siempre bien perfilados por unos ajustados intérpretes— o la calidad de los diálogos lo que atrae de los filmes de Gutiérrez, pero casi nunca una emoción comparable se alcanza a través de las soluciones estilísticas, muchas veces forzadas en la explicación del componente mágico que recorre sus historias. Cineasta de excelentes momentos aislados y de múltiples ilusiones semifrustradas, Gutiérrez encarna muchas de las limitaciones de aquellos autores que han deambulado por nuestra cinematografía reciente.

Una cinematografía que por otra parte está repleta de dimisionarios parciales o totales, voluntarios o forzados. Entre estos últimos debemos citar algunos directores que florecieron en los primeros momentos del posfranquismo y que por motivos básicamente comerciales no han logrado definir la carrera a la que aspiraban y nosotros esperábamos. Pensemos al respecto en dos ejemplos señeros: Ricardo Franco y Alfonso Ungría. Tras obras tan esperanzadoras aun en su imperfección como *Pascual Duarte* o *Los restos del naufragio*, la trayectoria de Franco ha sido la crónica de proyectos frustrados, de filmes cercenados, de producciones imposibles, etc., tal como *El sueño de Tánger* (1986), nunca estrenada, puede ejemplificar, y sin que la no menos ambiciosa *Berlín Blues* (1988) pudiese redimirlo. Tampoco la trayectoria de Ungría ha alcanzado los niveles que sus primeras obras marginales —*El hombre oculto* (1970) y *Tirarse al monte* (1971)— hacían imaginar, puesto que el fracaso comercial de *Gulliver* no fue recuperado por la plana adaptación de *Soldados* (1978) o la ambigua glorificación nacionalista de *La conquista de Albania*; recluido en trabajos televisivos o en modestas contribuciones al cine vasco, la cinematografía española parece haber perdido la aportación del que fuera prometedor independiente.

Ante ese panorama, otros cineastas que comenzaron mostrando sus dotes y pretensiones autorales han debido ceder terreno, o al menos alternar algunas de sus empresas más personales con la frecuentación del cine de consumo más despersonalizado. El caso más ejemplar sería el de Jaime Chávarri, que tras el éxito crítico y el valor revulsivo de títulos como *Los viajes escolares*, *El desencanto*, *A un Dios desconocido* o *Dedicatoria*, equiparables a su escaso rendimiento comercial, cedió sus habilidades a la confección de tan notables como impersonales filmes comerciales de considerable presupuesto: *Bearn* (1983), *Las bicicletas son para el verano* (1983) o *Las cosas del querer* (1989), entre las que se intercaló la mucho más íntima *El río de oro* (1985), nuevamente sin repercusión popular. Cierto es que en sus filmes «de encargo» Chávarri no deja de abordar el tema central de su filmografía —la familia—, pero ciertamente ni en unas ni en otras podemos localizar un «estilo» que vaya más allá de los elementos temático-argumentales. En menor medida, algo semejante cabría decir de Emilio Martínez Lázaro, que tras la radicalidad y sinceridad de filmes como *Las palabras de Max* (1978) y sobre todo *Sus años dorados* (1980) o la televisiva *Todo va mal* (1984), empezaría a ceder terreno, primero con elegantes aunque vacíos ejercicios de estilo —*Lulú de noche* (1985)— y luego con progresivas concesiones a la comedia de «nuevas» costumbres, como *El juego más divertido* (1987) o *Amo tu cama rica*

(1991), título este último que remedaba su famoso mediometraje *Amo mi rica cama* (1970). La elegancia de sus guiones y de la puesta en escena de sus filmes no justifica, sin embargo, el mantener al otrora prometedor cineasta en el nivel de sus primeras aportaciones.

Los últimos casos citados se pueden extender a muchos otros prometedores cineastas de los tiempos del tardofranquismo, que en la irregularidad de su trayectoria han ido dejando jirones de su voluntad estilística, algo que resulta fundamental para cimentar el grado de su contribución a algo parecido al arte cinematográfico español contemporáneo. Pensamos en José Luis García Sánchez, que después de una primera etapa plena de ironía y sarcasmo, en la tradición de la comedia esperpéntica hispana, ilustrada por *El love feroz, Colorín, colorado* y *Las truchas*, comenzó a rebajar planteamientos en su mayor éxito de público —la solvente *La corte del faraón* (1985)—, para proseguir una línea descendente en la que se van mezclando productos completamente heterogéneos como *Hay que deshacer la casa* (1986), *Divinas palabras* (1987), *El vuelo de la paloma* (1989) y *La noche más larga* (1991), perfectamente intercambiables con los de cualquier otro profesional español, y frente a la cual, el retorno a sus viejas formas, en *Pasodoble* (1988), no pasa de ser una hueca evocación de sus primeros tiempos. En una línea semejante habría que situar la evolución de Francesc Betriu, que desde el manejo esperpéntico de materiales «de derribo» en *Corazón solitario* (1972) y *Furia española* (1974), o incluso la ironía de *Los fieles sirvientes*, pasaría al progresivamente esterilizado caligrafismo de *La plaça del diamant* (1982) y *Réquiem por un campesino español* (1985), sin que *Sinatra* (1988) representase un retorno a sus mejores momentos.

En términos generales, pues, la generación del tardofranquismo ha ido perdiendo impulso y personalidad, generalmente debido a las condiciones globales de la cinematografía española, pero también a un debilitamiento de las posturas personales de muchos cineastas, por otra parte habitualmente solicitados durante la década de los ochenta para trabajos televisivos de muy diversa enjundia. Siendo los citados los ejemplos más significativos, no deberíamos olvidar algunos otros casos, como el de un autor que raramente ha podido demostrar su condición de tal, como Antonio Drove; o una cineasta, Pilar Miró, que vio coincidir su trabajo menos personal con el mayor éxito comercial (*El crimen de Cuenca*), pero que ha alcanzado mejores logros en sus trabajos más intimistas, como *Gary Cooper que estás en los cielos* (1980) o *Werther* (1986), o en la muy interesante *Beltenebros* (1991), aunque no plenamente lograda por un reparto y un diseño de producción dudosos al servicio de la supuesta calidad literaria de Muñoz Molina.

A estas alturas de su carrera, nadie puede suponer que Fernando Colomo tenga un lugar en la nómina de los «autores» del cine español, aunque sí entre la de sus profesionales más eficaces de cara a la taquilla, a pesar de rotundos fiascos como *La línea del cielo* (1983), *El caballero del dragón* (1985) o *Miss Caribe* (1988), compensados por éxitos como *La vida alegre* (1986). Y tras él tampoco podemos hablar en ese sentido de Díez, Cuerda, Hermoso, etc., a diferencia de lo que ocurre con José Luis Garci, donde tal vez podemos confundir la contumacia en determinadas fórmulas con la existencia de un estilo personal. Pero para acabar con este menguado repaso autoral de los cineastas surgidos a lo largo de los setenta, debemos hacer dos apartes significativos.

El primero nos remite al trabajo de algunos *outsiders* de los primeros tiempos del posfranquismo. Surgidos en el campo del cine independiente o incluso *underground*, en algún caso —como el Álvaro del Amo de *Dos* (1979) o el Joaquim Jordá de *Numax presenta...* (1979)— no llegan a acceder al cine industrial convencional. En otros han disfrutado de relativas ocasiones de colarse por los intersticios del sistema, con magros resultados. Así, el caso más claro y posiblemente lamentable haya sido el de Paulino Viota, que tras su prestigioso *Contactos* (1970) —realizado en 16 mm.— vio cómo una insólita aproximación a la pervivencia de la lucha de clases aún en la arcádica España de la transición y el consenso, *Con uñas y dientes* (1978), o una sensible comedia sentimental como *Cuerpo a cuerpo* (1982), pasaban completamente desapercibidas para el público y le condenaban a lo que parece un definitivo ostracismo. Su caso no ha sido el único, puesto que los Gerardo García de *Con mucho cariño* (1977), Cecilia Bartolomé de *Vámonos, Bárbara* (1977) y *Después de...* (1981), Carlos Rodríguez Sanz y Manuel Coronado de *Animación en la sala de espera* (1981) o Ángel García del Val de *Cada/ver/es* (1982), son otros tantos casos de marginalidad y silencio. Tan sólo un filme y un cineasta, *Arrebato* (1979) e Iván Zulueta, han logrado salir del *ghetto* por la vía de constituirse en el gran —y por otra parte merecido— filme de culto del cine español del posfranquismo. Esa entronización de *Arrebato* no resulta injusta, en la medida en que nos ofrece tanto la correspondencia con ese universo personal, en lo temático y estilístico, que se supone a cualquier autoría, como la reflexión metalingüística completamente al margen de las formas usuales del cine español del momento.

El segundo aparte nos sirve de bisagra entre las promociones de los setenta y los ochenta, al dedicarse a situar la obra de Fernando Trueba y Pedro Almodóvar. El caso del primero es significativo, tanto por sus orígenes —estudios de Ciencias de la Información, realización de cortos y ejercicio de la crítica— como por su integración dentro del grupo que es lanzado desde la etiqueta de la «comedia madrileña» o «comedia progre», al lado de Fernando Colomo. En ese sentido, su debut con *Opera prima* (1980) ofrece el título paradigmático de la serie, al ofrecer un compendio de personajes y situaciones luego ampliamente repetido, desde una frescura en la puesta en escena hecha a medias de improvisación e inexperiencia. Sin embargo, muy rápidamente —después del insólito documental que era *Mientras el cuerpo aguante* (1982)— Trueba se lanzó por la vía de la alta comedia, que tras las vacilaciones de *Sal gorda* (1983), alcanza su plenitud con *Sé infiel y no mires con quién* (1985); ello, unido a la blandura de su aproximación a los problemas de la iniciación sexual de dos adolescentes en los tiempos de la inmediata posguerra —*El año de las luces* (1986)— parecía conducir al cineasta por la vía de una nueva dimisión estética. Sin embargo, el arriesgado empeño de *El sueño del mono loco* (1989), con todas sus imperfecciones —fruto sobre todo de las exigencias de

Arrebato (1979), de Iván Zulueta

la coproducción—, se asemeja al posterior de *Beltenebros* de Pilar Miró, en la medida en que pretende instaurar una estimable voluntad estilística y una pasión narrativa inusuales en un filme de semejante riesgo económico. Sin poder decir que Trueba ha logrado constituir un estilo reconocible, no cabe duda de que aparece situado en una posición favorable para tal logro.

Muy otra ha sido la trayectoria de Pedro Almodóvar, sin ninguna duda la seña identificatoria más obvia de nuestro cine desde perspectivas foráneas. El caso de Almodóvar no deja de plantear algunas paradojas dignas de atención: surgido de los ámbitos del cine marginal, en su versión «movida-*underground*», con numerosos trabajos en formato «super-8», su primer filme —*Pepi, Luci, Bom y otras chicas del montón* (1980)— se encuadraba en esa misma tendencia entre cutre, provocativa, formalmente descuidada, etc., de tal forma que parecía condenado a los circuitos no comerciales. No obstante, su oportunidad y la indudable originalidad ofrecidas en el mortecino ámbito de un cine español en plena crisis, significaron una palanca capaz de permitirle encontrar un público suficiente como para que Almodóvar pudiese proseguir su carrera, vacilante en *Laberinto de pasiones* (1982) y mucho más decidida en *Entre tinieblas* (1983), filme que ya confirmaba muchos de los elementos que iban a constituir un modo de hacer perfectamente reconocible.

Almodóvar ha destacado por su aparentemente obsesiva voluntad estilística, por haber logrado incluso vender sus filmes bajo el marchamo de «un filme de Pedro Almodóvar», aspecto muy raro dentro de nuestra cinematografía, para lo cual no ha dudado en diseñar un personaje prolongado más allá de la pantalla. Pero no hay que engañarse: la postura del cineasta remite inequívocamente a las características del *kitsch*, es decir, a una falsificación estilística, a la constitución de un «estilo» muy aparatoso, pero que no corresponde a un universo expresivo propio. No debe entenderse que ello ocurra sólo por su recurrencia sistemática a obvios materiales «de derribo», derivados de la tradición del melodrama populista o de una parafernalia propia de cierta subcultura homosexual, que pasa —por ejemplo— por determinados cultos cinefílicos y musicales, siempre en el marco de una ambientación saturada de objetos y decorados carentes de cualquier «buen gusto». La cuestión está en que Almodóvar no posee, digamos, una capacidad de reflexión sobre aspectos profundos de la realidad, sino que aparece afincado en lo epidérmico y superficial, como digno émulo de una postura «débil», inherente a los tiempos posmodernos. En ese sentido, si bien la autoría de Almodóvar no es equiparable a la de un Bergman o un Godard, es indudable que responde mejor que nadie en nuestro cine a ciertos aires de nuestra contemporaneidad. El valor del cineasta radica mucho más en su capacidad de ósmosis respecto a ciertos ámbitos de la realidad que no a su capacidad de crear un mundo poético propio, tal como sus formas cinematográficas proceden de la digestión de múltiples ámbitos de influencia, mucho más que de una auténtica capacidad de explotar las posibilidades expresivas y narrativas de la puesta en escena, dando siempre prioridad a situaciones y personajes (entrelazados por el diálogo) sobre aquélla.

Ese oportunismo, en absoluto negativo en un cine que demasiadas veces ha vivido de espaldas a cualquier realidad vital, le ha llevado a logros indudables, como en *¿Qué he hecho yo para merecer esto?* (1984) e incluso *La ley del deseo* (1987), pero también a un cierto agotamiento, resuelto por la vía de una progresiva estilización temática y formal —a partir de *Matador* (1986)— que le aleja de la autenticidad cutre, esperpéntica, oblicuamente realista, de sus primeros filmes, dejando al aire la levedad del trasfondo de los fuegos de artificio estilísticos del gusto de sus seguidores. Filmes de éxito como *Mujeres al borde de un ataque de nervios* (1988), *Átame* (1989) o incluso *Tacones lejanos* (1991), se convierten progresivamente en vacíos ejercicios estilísticos, cuyo único referente es ya el cine anterior del propio cineasta o la explicitación de los modelos imitados, desde la alta comedia al melodrama.

De una forma u otra, lo cierto es que el cine español de los años ochenta se ha visto ocultado por la preeminencia del «fenómeno» Almodóvar, en perjuicio del brillo de ese puñado de debutantes capaces de lanzarse a la articulación de un estilo propio. Pensamos en el caso de José Luis Guerín, capaz de recrear un universo poético lleno de sobriedad y precisión en *Los motivos de Berta* (1983) o de transformar la pasión cinefílica en un documento apasionado en *Innisfree* (1990); él, como Felipe Vega o Gerardo Gormezano, son los escasos testimonios de un cine que no pretende ser comercial a toda costa, que aún se quiere investigador en los senderos de la creación fílmica, que no aparece obsesionado por los modelos hollywoodienses —aunque tampoco los desprecie al alejarse de su mimetismo— y que no renuncia a conectar con la tradición de los Dreyer, Vigo, Ford, Bresson, Godard o Rohmer, o de responder a las sugerencias contemporáneas de los Tanner, Greenaway y un puñado de cineastas amantes del riesgo creativo.

Mujeres al borde de un ataque de nervios (1988), de Pedro Almodóvar

Aunque no se puedan considerar como obras maestras y ofrez-
can numerosas imperfecciones, títulos como *Mientras haya luz*
(1987) y *El mejor de los tiempos* (1990), de Vega, o *El vent de l'illa*
(1988), de Gormezano, se alinean en ese sentido. Y junto a ellos,
aunque en otra dimensión, cabría señalar aspectos parciales de algunos films de Jesús Garay —sobre todo *Pasión lejana* (1987)—
o de Agustí Villaronga, más clásico en sus formas narrativas pero
al servicio de temas insólitos, como ilustran *Tras el cristal* (1986)

y *El niño de la luna* (1989). Si algo une a estos autores tan diversos es precisamente su implícita reivindicación de su condición de tales, más allá de la simple profesionalidad; pero también les unen sus dificultades para proseguir su carrera, para seguir haciendo ese cine «de riesgo» que debiera ser contrapunto ineludible de un cine más comercial y tradicional.

EPÍLOGO ABIERTO

Rememorando los últimos años del período abordado, una muestra evidente de que la dinámica descrita en las páginas anteriores no ha cambiado gran cosa la podemos encontrar en el hecho de que estamos obligados a remitirnos de nuevo a la actitud y acción de las instancias oficiales para poder dejar abierto el oscuro futuro del cine español. Digamos que esos últimos tiempos comienzan con la llegada de Jorge Semprún al Ministerio de Cultura, en julio de 1988, momento en que de alguna manera comienza una actitud revisionista respecto a la política emprendida por Pilar Miró y en buena parte mantenida por Méndez Leite.

Una primera consecuencia de esa actitud fue el propio abandono de Fernando Méndez Leite de la dirección del ICAA cinco meses después del cambio ministerial y tan sólo tres meses más tarde del numerito del ministro reafirmando públicamente a su colaborador en el transcurso del Festival de San Sebastián. Sin embargo, la persona elegida para reemplazarlo no estaba muy alejado de las coordenadas del saliente, puesto que Miguel Marías, hasta el momento director de la Filmoteca Española, procedía exclusivamente del campo de la crítica cinematográfica especializada (desde *Nuestro Cine* a *Casablanca* pasando por *Dirigido por...*), con lo cual aún incrementaba los recelos de la «profesión». A Marías le iba a tocar lo que Méndez Leite no estuvo dispuesto a aceptar: dar la cara en favor de las nuevas medidas con que Semprún pretendía corregir el rumbo de la política proteccionista, contaminadas por las ideas tecnocráticas de algunos funcionarios ministeriales. De tal forma que cuando algo más de un año después de su nombramiento, en enero de 1990, Marías se retiró de su cargo absolutamente quemado, fue sustituido ya sin mayores ambages por el eurotecnócrata

Enrique Balmaseda, que intentaba suplir su carácter de cuerpo extraño al sector cinematográfico con su experiencia en el funcionariado eurocomunitario y un talante mucho más economicista que «artístico».

Esa sucesión de responsables directos de la política del ICAA no era, pues, una mera cuestión nominal o de empatía personal con el ministro, sino que respondía a un deslizamiento de aquélla hacia posiciones consideradas liberalizantes. La llegada de Semprún al ministerio representó para muchos una cierta esperanza, gracias a dos factores muy evidentes: la propia trayectoria fílmica del nuevo ministro, que alcanzaba reputados trabajos guionísticos para cineastas como Resnais o Costa-Gavras e incluso la dirección de un filme de montaje documental sobre la guerra civil —*Las dos memorias* (1973)— y que hacía presumir una sensibilidad distinta a la de todos los ministros anteriores respecto al cine; y el segundo era la clara tradición francófila de ese ministro que se iba los fines de semana a París, puesto que su residencia estaba en esa ciudad, y que por tanto podía ayudar a completar una política cinematográfica como la francesa, que muchas veces era propuesta como modelo para la acción de la administración española.

Sin embargo, cuando en marzo de 1989 Semprún presentó las líneas maestras de su política, el susto fue considerable, puesto que debilitaba los avances —aún discutibles— logrados por la dinámica iniciada por Pilar Miró y no ofrecía un panorama realmente alentador. Una forma inmediata de respuesta fue la creación del CUICA (Comité Unitario Interprofesional del Cine y el Audiovisual), que pretendía ofrecer una plataforma de discusión de esas medidas, en defensa en ocasiones de posiciones excesivamente corporativistas, pero muchas veces realmente próximas a la realidad de la eternamente raquítica industria cinematográfica española. Sin embargo, el mes de agosto veía la aparición oficial del llamado «decreto Semprún», desencadenando una tempestad que duraría meses y la caída de Marías. Se intentaría paliar con la intervención de RTVE y finalmente se contrapesaría con un fantasmal Plan Nacional para la Promoción de la Industria Audiovisual que jamás llegaría a concretarse.

El propio decreto, cuyo objetivo último era «contribuir al desarrollo de la cinematografía como manifestación de la cultura española», planteaba los caminos a seguir de forma relativamente explícita: «favorecer el desarrollo de empresarios independientes y fomentar la inversión privada en la realización de películas, con la finalidad de reducir el intervencionismo estatal y fortalecer la estructura financiera del sector...». Para ello, los medios previstos eran fomentar los convenios de cooperación con entidades de crédito —en cuyo sentido hay que situar el acuerdo entre el Ministerio y el Banco de Crédito Industrial de diciembre de ese mismo 1990—; mantener las ayudas a la producción, aunque dando prioridad entre los criterios de concesión a la racionalización financiera y las previsiones de amortización, limitando el alcance de las ayudas de forma que no superasen la inversión del productor o el 50 % del coste total y un montante en principio inferior a los 50 millones, aunque con la posibilidad excepcional de alcanzar los 200, dando en ese sentido preferencia a las coproducciones; reintroducir las ayudas complementarias a la especial calidad, restringidas hasta diez posibles —decididas por un jurado—, no superiores a los 15 millones y complementarias respecto a todas las anteriores; crear ayudas al cortometraje y otras selectivas a la distribución (hasta diez millones dedicados al tiraje de copias, subtitulados y publicidad, sin rebasar el 50 % de los costes ya desembolsados) y la exhibición (hasta un 5 % de los ingresos brutos de taquilla que ayude sobre todo al mantenimiento de las salas en zonas rurales o no rentables); la subvención a la creación de guiones, para lo cual en mayo de 1990 se convocarían las bases de un primer concurso con vistas a su concesión; la no transmisibilidad de las licencias de doblaje, que acababa con su habitual tráfico; apoyos a la organización o participación en festivales y certámenes nacionales y extranjeros; etc.

Esas amplias medidas, correctoras de las iniciadas por Pilar Miró y mantenidas en buena parte por Méndez Leite, no tuvieron mayor éxito que las anteriores, haciendo ya de la idea de crisis crónica un lugar común dentro del cine español. Por otra parte, ante el hecho de que el no incremento del fondo de protección ministerial significaba una clara restricción de las posibilidades de desarrollo de esa medida, ya que en la práctica la inflación hacía decrecer su capacidad monetaria, el ministerio se apoyó en una prevista participación de RTVE en el fomento del cine español, certificada incluso por un convenio entre el ente público y el CUICA en julio de 1990, por el que se confirmaba la contribución anual de 2000 millones por parte de RTVE a la financiación de la producción estrictamente cinematográfica. El hecho de que una vez más RTVE incumpliese sus propios acuerdos y jamás se viese ni una parte de ese dinero, significó una grave agudización de la crisis, que llevó en los años 1991 y 1992 a una aún más radical disminución cuantitativa de la producción nacional, pese a que el propio ministerio se viese obligado a cubrir una parte de ese dinero fallido por otras vías —como la colaboración con la comisión del Quinto Centenario—, tal como fue propuesto en julio de 1991 por parte del nuevo ministro, Jordi Solé Tura, que en marzo había sucedido a Semprún.

De todas formas, el nuevo ministro tampoco iba a significar un cambio de rumbo real en la dinámica de esa crisis permanente de nuestra cinematografía. La salida en diciembre de 1991 de Balmaseda de la dirección del ICAA significaba una nueva dimisión política y su sucesor, Juan Miguel Lamet, no parecía que fuera a aportar grandes soluciones a esa permanente paradoja del cine español entre el proteccionismo, la libertad y la posibilidad, bajo cuyo signo se movió durante los ya largos años del posfranquismo.

CRONOLOGÍA

1973

9 de junio: Nombramiento de Carrero Blanco como presidente del gobierno.

Septiembre: Restablecimiento de la subvención del 15 % sobre la recaudación bruta en taquilla.

11 de octubre: Vuelve a crearse la Subdirección General de Cinematografía en el seno de la Dirección General de Espectáculos.

20 de diciembre: Proceso «1001» contra algunos de los principales dirigentes de Comisiones Obreras. Muerte de Carrero Blanco en un atentado reivindicado por la organización independentista vasca ETA.

1974

3 de enero: Nombramiento de Carlos Arias Salgado como presidente del gobierno. Pío Cabanillas es nombrado ministro de Información y Turismo.

11 de enero: Conversión de la Subdirección en Dirección General de Cinematografía, a cargo de Rogelio Díaz.

12 de febrero: Arias Navarro presenta su política «aperturista», conocida como el «espíritu del 12 de febrero».

2 de marzo: Ejecución de Salvador Puig i Antich, militante anarquista.

11 de julio: Atentado fascista contra el cine Balmes de

Barcelona, donde se proyecta *La prima Angélica*.

Grave enfermedad de Franco. Juan Carlos le sustituye provisionalmente en la Jefatura del Estado entre el 19 de julio y el 2 de septiembre.

29 de julio: Creación en París de la Junta Democrática de España, integrada por el PCE, el PSP y el PT, junto a independientes de diversas tendencias.

13 de septiembre: Mortífero atentado en una cafetería de la calle Correo de Madrid.

29 de octubre: Cese del ministro Pío Cabanillas y dimisión en solidaridad con él de Antonio Barrera de Irimo como consecuencia del frenazo a la política de apertura.

Diciembre: XIII Congreso del PSOE en Suresnes, con el nombramiento de Felipe González como nuevo secretario general.

1975

Enero: Secuestro gubernativo de la revista *Fotogramas* por un artículo sobre la censura.

15 de enero: Primeros pasos para la creación de la Asociación de Cineastas Vascos, en una sesión del Cine-Club Universitario de Bilbao. El proceso culminará en enero de 1977.

19 de febrero: Nuevas «Normas de Calificación Cinematográfica» que revisan las directrices de la censura.

27 de septiembre: Las últimas ejecuciones del franquismo afectan a cinco militantes de ETA y el FRAP.

1 de octubre: Manifestación masiva de apoyo a Franco en la Plaza de Oriente, al tiempo que se realizan los primeros atentados del GRAPO.

8 de octubre:	Elecciones en la Agrupación Sindical de Productores Cinematográficos, que serán recurridas y deberán repetirse el 11 de noviembre.
16 de octubre:	Comienzo de la «marcha verde» promovida por Hassan II en pro de la anexión del Sáhara.
19 de octubre:	Se evidencia la gravedad de la enfermedad del general Franco, que pronto iniciará una larga agonía.
20 de noviembre:	Fallecimiento del general Franco.
22 de noviembre:	Proclamación de Juan Carlos de Borbón como rey de España.
5 de diciembre:	Confirmación de Arias Navarro como presidente del gobierno, que queda constituido el día 11.
	Fundación en Barcelona del Institut del Cinema Català (ICC).

1976

14 de febrero:	Abolición de la censura previa de guiones y definición de la normativa sobre el «especial interés cinematográfico».
18 de febrero:	Aprobación por las Cortes de la Ley para la Reforma Política presentada por Arias Navarro.
3 de marzo:	La policía mata a varios manifestantes en Vitoria.
	Estreno de *La trastienda*, con el primer desnudo integral femenino del cine español.
9 de mayo:	Asesinatos y heridos por el ataque ultraderechista durante la concentración carlista de Montejurra.
1 de julio:	Dimisión de Arias Navarro a instancias del rey.

3 de julio:	Nombramiento de Adolfo Suárez como presidente de gobierno.
Septiembre:	Graves incidentes en la inauguración del Festival de Cine de San Sebastián, que además sufre un boicot por el cual Elías Querejeta retira el filme *El desencanto*.
11 de septiembre:	Estreno en Barcelona de *La ciutat cremada*, primer filme en catalán del período posfranquista.
18 de noviembre:	Aprobación por las Cortes del proyecto de reforma política de Suárez.
15 de diciembre:	Referéndum en que se aprueba la reforma con un 94 % de votos favorables.

1977

24 de enero:	Asesinato en un despacho de la calle Atocha de varios abogados laboralistas y sindicalistas del PCE por un comando de extrema derecha.
11 de febrero:	Liberación del general Villaescusa y de Oriol y Urquijo, secuestrados por el GRAPO.
1 de abril:	Disolución de la Secretaría General del Movimiento. Ley de Asociación Sindical por la que los Sindicatos Verticales son sustituidos por una Administración de Servicios Socioprofesionales y se abre el camino de la libertad sindical.
4 de abril:	Dimisión del director general de Cinematografía, Rogelio Díaz.
9 de abril:	Legalización del Partido Comunista de España.
	Estreno en España de *Viridiana*, de Luis Buñuel, prohibida desde 1961.
3 de mayo:	Nombramiento de Félix Benítez de Lugo como nuevo director general de Cinematografía.

24 de mayo:	Se inicia una huelga de cines en Madrid que se prolongará durante 18 días.
15 de junio:	Primeras elecciones democráticas en España desde 1936, con la victoria de Adolfo Suárez al frente de la Unión de Centro Democrático (UCD).
27 de junio:	Estreno en diez salas de Barcelona del primer número del *Noticiari de Barcelona*, producido por el ICC y dirigido por J. M. Forn.
4 de julio:	Sustitución del Ministerio de Información y Turismo por el Ministerio de Cultura y Bienestar Social, con Pío Cabanillas como titular.
17-22 de septiembre:	Mostra Cinematográfica de Pesaro dedicada al cine español.
27 de diciembre:	Liquidación de la Agrupación Sindical de Productores Cinematográficos.
29 de diciembre:	Restablecimiento de la Generalitat de Catalunya, con Josep Tarradellas como presidente.
1 de octubre:	Decreto-ley sobre actividades cinematográficas, regulando aspectos de la distribución y exhibición.
14 de octubre:	Amnistía para los delitos políticos anteriores al 15 de diciembre de 1976.
27 de octubre:	Firma de los Pactos de la Moncloa entre el Gobierno y la oposición política y los sindicatos sobre seguridad social, política y económica.
11 de noviembre:	Decreto-ley 3071 por el que desaparece la censura cinematográfica y los permisos de rodaje, se regula la cuota de pantalla (2×1), se crea la «especial calidad» y desaparece la categoría de «arte y ensayo».
22 de diciembre:	Huelga de espectáculos en Barcelona en de-

fensa de la libertad de expresión, como consecuencia de la represión de Els Joglars por su obra *La torna*.

1978

5 de enero:	Estreno de *Emmanuelle*, primer filme calificado como «S».
10 de enero:	Se conceden las preautonomías a Galicia, Valencia, Aragón y Canarias, siguiendo el proceso iniciado en el País Vasco (31-XII-1977) y que luego continuará Andalucía (19-IV-1978) y otras nacionalidades.
14 de abril:	Decreto-ley 1075 por el que desaparece el NODO.
16 de abril:	Dimisión de José María Moliner de su cargo de subdirector general de cine y sustitución por Luis Escobar.
3 de mayo:	Secuestro judicial del *Noticiari de Barcelona* n. 18, intitulado *Les presons: la COPEL* y dirigido por F. Bellmunt.
10 de mayo:	Presentación de la alternativa cinematográfica del PSOE.
17 de mayo:	Procesamiento del cineasta vasco Iñaki Núñez por su cortometraje *Estado de excepción*.
26 de junio:	Decreto-ley 1419 que establece la obligatoriedad del control automático de taquilla.
9-13 de octubre:	Jornadas del Cinema Català en el seno de la Semana de Cine de Barcelona, donde el día 14 será secuestrada judicialmente *Saló o los 120 días de Sodoma*, de Pier Paolo Pasolini.
31 de octubre:	Aprobación por las Cortes del proyecto de Constitución.
6 de diciembre:	Aprobación en referéndum de la Constitución por el 87,7 % de los votantes.

14-17 de diciembre: Desarrollo del I Congreso Democrático del Cine Español.

1979

2 de enero: Comienza una huelga de laboratorios cinematográficos que durará 42 días.

1 de marzo: Primeras elecciones tras la aprobación de la Constitución, donde UCD y PSOE siguen siendo las fuerzas más votadas.

3 de abril: Elecciones municipales con victoria de la izquierda en las poblaciones de mayor población.

2 de mayo: Nombramiento de Luis Escobar de la Serna como director general de Cinematografía.

7 de junio: Clavero Arévalo es nombrado ministro de Cultura.

1 de agosto: Convocatoria del concurso de guiones organizado por RTVE con la disponibilidad de 1300 millones.

25 de octubre: Aprobación en referéndum de los estatutos de autonomía de Cataluña y Euskadi.

13 de diciembre: Secuestro judicial de *El crimen de Cuenca* e inicio del escándalo subsiguiente.

1980

10 de enero: Decreto-ley 3 sobre cuota de pantalla (3×1) y distribución.

20 de enero: Ricardo de la Cierva es nombrado ministro de Cultura.

25 de enero: Carlos Gortari es designado director general de Cinematografía.

23 de febrero: Final de la producción del *Noticiari de Barcelona* con su número 61.

9 de febrero: Triunfo del Partido Nacionalista Vasco (PNV) en las elecciones autonómicas vascas.

20 de febrero:	Victoria de Convergencia i Unió (CiU) en las elecciones autonómicas catalanas.
11 de julio:	Orden ministerial traspasando los archivos del NODO a la Filmoteca Española.
8 de septiembre:	Quinto gabinete de Adolfo Suárez, con la entrada de Calvo Sotelo en el lugar de Abril Martorell.
10 de octubre:	Nombramiento de Matías Vallés como director general de Cinematografía a consecuencia del paso de Íñigo Cavero a la cartera de Cultura.
21 de diciembre:	Aprobación del Estatuto de Autonomía gallego.

1981

29 de enero:	Dimisión de Adolfo Suárez como presidente del gobierno.
3-7 de febrero:	Desarrollo de las Converses de Cinema de Catalunya.
23 de febrero:	Falla el golpe de Estado encabezado por Tejero y Milans del Bosch, que secuestran las Cortes durante la votación de investidura de Calvo Sotelo y proclaman el estado de guerra en Valencia, respectivamente.
26 de febrero:	Calvo Sotelo toma posesión como presidente del gobierno constituido por la UCD.
27 de febrero:	Decreto-ley sobre el traspaso de competencias culturales a la Generalitat de Cataluña. En cine se registran las salvedades de la Filmoteca y el Fondo de Protección.
23 de abril:	Comienzo de la campaña de «Català al cinema» con el estreno de *L'home elefant*.
19 de junio:	Decreto-ley 1465 sobre protección a la producción cinematográfica.
14 de agosto:	Estreno de *El crimen de Cuenca*, una vez

	terminada su vicisitud judicial en el mes de marzo.
31 de agosto:	Segundo gobierno de Calvo Sotelo, de nuevo reorganizado el 1 de diciembre.
20 de octubre:	Aprobación del Estatuto de Autonomía de Andalucía.

1982

1 de febrero:	Huelga de los trabajadores de doblaje a causa de la negociación del convenio colectivo. En Madrid termina el día 6 y en Barcelona se prolonga hasta el 22.
27 de febrero:	Decreto-ley 1 sobre salas de exhibición, introduciendo las salas «X» y recuperando las de «arte y ensayo», además de regular la Filmoteca Española y las tarifas de las licencias de doblaje.
15 de junio:	Comienza el juicio contra el director, guionista y productor de *Rocío* por las supuestas calumnias contra la familia Reales. El día 22 se falla la condena a una indemnización de 10 millones y la supresión de las alusiones a José María Reales.
6 de julio:	Dimisión de Calvo Sotelo como presidente de UCD, siendo sustituido por Landelino Lavilla, en el marco de una crisis definitiva del partido, que a fines de mes (31) abandona su fundador Adolfo Suárez.
10 de septiembre:	Orden ministerial introduciendo la subvención a la especial calidad y el mayor empeño en el coste.
30 de septiembre:	Abandono de la lucha armada y disolución de ETA político-militar VII Asamblea.
28 de octubre:	Victoria del PSOE en las elecciones generales con mayoría absoluta.

28 de octubre:	Aprobación por el Parlamento Vasco de las normas de fomento de la cinematografía autonómica.
3 de diciembre:	Felipe González toma posesión como presidente del gobierno. Javier Solana nombrado ministro de Cultura.
15 de diciembre:	Nombramiento de Pilar Miró como directora general de Cinematografía del primer gobierno socialista.

1983

10 de enero:	Orden ministerial designando los vocales de la Comisión para el Visado de Películas.
26 de enero:	La estructura del Estado de las Autonomías queda completada con la aprobación de los estatutos de Baleares y Castilla-León.
11 de abril:	*Volver a empezar*, de J. L. Garci, gana el óscar a la mejor película extranjera.
27 de abril:	Decreto-ley sobre salas «X» y «arte y ensayo», además de suprimir la calificación «S».
8 de mayo:	Predominio del PSOE en las elecciones municipales y autonómicas.
30 de junio:	Orden ministerial que regula las calificaciones de películas.
29 de junio:	Muere en México el cineasta Luis Buñuel.
10 de septiembre:	Primera emisión de TV3, la televisión autonómica catalana, que rompe el monopolio de RTVE. Por otra parte, las asociaciones de productores alcanzan su primer acuerdo con RTVE el día 28 de este mismo mes.
4-9 de noviembre:	Huelga de los trabajadores de Filmoteca Española por la ausencia de su reglamento como organismo autónomo.
28 de diciembre:	Decreto-ley 3304, conocido como «ley Miró», sobre protección a la producción cinematográfica.

1984

12 de enero: Publicación en el BOE del «decreto Miró».

24 de febrero: Orden ministerial que desarrolla el decreto Miró.

5 de marzo: Apertura de las primeras salas «X» españolas.

14 de mayo: Orden ministerial por la que se crea la Comisión de Calificación de Películas Cinematográficas.

11 de julio: Acuerdo entre la Agrupació Catalana de Productors Cinematogràfics Independents y TV3.

26 de septiembre: Orden de Presidencia del Gobierno regulando las coproducciones.

Diciembre: Escrito de 200 profesionales del cine en apoyo de Pilar Miró ante la campaña sobre los favoritismos en la concesión de ayudas a la producción.

6 de diciembre: Rechazo por las Asociaciones de Productores de la prórroga del acuerdo con TVE.

19 de diciembre: Disolución de Cinespaña, supuesta promotora del cine español en el extranjero.

1985

Enero: Creación en Barcelona del Col.legi de Directors de Cinema de Catalunya. Al tiempo se presenta el colectivo Nous Realitzadors.

24 de enero: Decreto-ley 563 por el que se crea el organismo autónomo Instituto de la Cinematografía y las Artes Audiovisuales, que sustituye a la Dirección General de Cinematografía. Además se regula la calificación de películas y el fondo de protección.

12 de junio: España firma el ingreso en la Comunidad Económica Europea.

16 de octubre:	Comparecencia de Pilar Miró, como directora del ICAA, ante la Comisión de Educación y Cultura del Congreso de los Diputados.
30 de diciembre:	Dimisión de Pilar Miró de su cargo de directora del ICAA.

1986

10 de enero:	Nombramiento de Fernando Méndez Leite como director del ICAA.
3 de febrero:	Presentación de la Academia de las Artes y las Ciencias Cinematográficas de España, autoconstituida por un grupo de profesionales de las diversas ramas.
13 de junio:	Decreto-ley sobre las consecuencias para la cinematografía del ingreso en la CEE.
22 de junio:	Nueva victoria por mayoría absoluta del PSOE en las elecciones generales.
20 de octubre:	Nombramiento de Pilar Miró como directora general de RTVE.
28 de octubre:	Cese de Pérez Millán y nombramiento de Miguel Marías como director de la Filmoteca Española.
24 de diciembre:	Publicación en el BOE de las bases para el concurso de ayudas a la renovación de salas, por un monto total de 187 millones.

1987

1 de febrero:	108 firmantes hacen público un manifiesto contra la política de subvenciones por su parcialidad.
16 de marzo:	Primera entrega de los Premios Goya concedidos por la Academia del Cine.
10 de abril:	Segundo acuerdo entre el sector cinematográfico y RTVE.

6 de junio:	Carta abierta de José Frade anunciando su cese de actividades como productor debido a la no recepción de subvenciones ministeriales.
17 de julio:	Nuevo manifiesto de apoyo a la política de subvenciones seguida por el Ministerio de Cultura.
29 de octubre:	Sentencia del Tribunal Supremo anulando la orden de mayo de 1984 que regulaba la protección cinematográfica por no haberse realizado las preceptivas consultas previas.

1988

12 de febrero:	El Tribunal Supremo desestima el recurso de Jaime Camino contra la Generalitat por no haber subvencionado *Luces y sombras* por haberse estrenado en castellano.
8 de marzo:	Orden ministerial que modifica la orden anulada por el Supremo e introduce diversos retoques al decreto Miró.
25 de abril:	Luis García Berlanga es el primer cineasta elegido académico de Bellas Artes.
14 de junio:	Tres días de huelga de los actores contra TVE y la legislación cinematográfica.
22 de junio:	Denuncia presentada en Bruselas por Antonio Recoder en nombre de la Federación de Distribuidores Cinematográficos (FEDICINE) contra el decreto Miró por atentar contra el libre comercio.
7 de julio:	Nombramiento de Jorge Semprún como ministro de Cultura.
26 de julio:	Tercer acuerdo entre RTVE y la Asociación de Productores.
9 de diciembre:	Dimisión de Méndez Leite como director del ICAA, presentándose el día 22 un manifiesto de solidaridad con su persona.

23 de diciembre: Nombramiento de Miguel Marías como director del ICAA.

1989

13 de enero: Dimisión de Pilar Miró como directora de RTVE, siendo sustituida por Luis Solana.

15 de marzo: El ministro Jorge Semprún anuncia el proyecto de decreto sobre protección cinematográfica.

30 de marzo: Creación del Comité Unitario Interprofesional del Cine y el Audiovisual (CUICA).

12 de junio: El CUICA rechaza frontalmente el proyecto propuesto por Semprún.

27 de julio: Convenio entre el ICAA y RTVE para el apoyo de ésta a la producción española.

28 de agosto: Decreto-ley 1282 de ayudas a la cinematografía, conocido como «decreto Semprún». El mismo día se dan las concesiones para tres canales privados de televisión.

29 de octubre: Elecciones generales con triunfo casi mayoritario del PSOE.

30 de octubre: Publicación en el BOE del decreto Semprún.

Diciembre: Convenio entre el Ministerio de Cultura y el Banco de Crédito Industrial para fomento de la producción.

1990

11 de enero: Anuncio del Plan Nacional para la promoción de la Industria Audiovisual.

26 de enero: Dimisión de Miguel Marías, siendo sustituido por Enrique Balmaseda como director del ICAA.

Febrero: Acuerdo entre el Ministerio de Cultura y el CUICA sobre el desarrollo del decreto Semprún.

26 de febrero:	Nombramiento de García Candau como director de RTVE.
12 de marzo:	Orden ministerial que desarrolla el decreto Semprún.
	Sentencia del Tribunal Supremo en contra de ADICAN por sus prácticas monopolistas en la contratación de lotes cerrados, alcanzándose los 200 millones en multas.
4 de mayo:	Publicación de las bases para el concurso de ayuda a la creación de guiones.
Junio:	Huelga de los actores de doblaje.
29 de julio:	Convenio entre RTVE y el CUICA.
5 de diciembre:	Acuerdo entre el ICAA y el Banco de Crédito Industrial para la financiación de proyectos cinematográficos.

1991

7 de marzo:	Reunión entre el ICAA y el CUICA para que aquél informe del proyecto de Ley de Bases para el Audiovisual, que nunca se llevará adelante.
15 de marzo:	Nombramiento de Jordi Solé Tura como ministro de Cultura.
4 de julio:	Promesas por parte del ministerio de cubrir los 2000 millones que debería haber destinado TVE al fomento de la producción cinematográfica.
12 de diciembre:	Huelga general de actores de cine y teatro contra la política cultural del gobierno.
13 de diciembre:	Decreto-ley que reforma las medidas de protección a la producción cinematográfica española.
18 de diciembre:	Enrique Balmaseda, director del ICAA, anuncia su dimisión para finales de año.

1992

Enero:

Apertura de una línea de créditos a bajo interés por parte del Banco Exterior de España para la producción cinematográfica, con un fondo de garantía de 800 millones a cargo del ICAA.

Nombramiento de Juan Miguel Lamet como director general del ICAA.

Marzo:

Estalla la polémica sobre el apoyo estatal a la coproducción *1492: la conquista del paraíso,* dirigida por Ridley Scott, dedicada al descubrimiento colombino.

20 de abril:

Inauguración de la Exposición Internacional de Sevilla, donde la presencia cinematográfica más importante será la pantalla hemisférica del «Omnimax», en el Palacio de los Descubrimientos.

Junio:

Celebración en Madrid de los encuentros Audiovisual Español 93, donde se debate el estado del cine en España, con actitudes muy críticas respecto a la política ministerial.

Septiembre:

Durante el desarrollo del Festival de Cine de San Sebastián se presenta la Fundación Procines, constituida por un nutrido grupo de los principales productores españoles, para ejercer como *lobby* ante la administración.

Asimismo, el ministro Solé Tura anticipa nuevas medidas de protección al cine español mediante una nueva normativa para la concesión de licencias de doblaje.

Octubre:

Escándalo por el descubrimiento del estreno en España de producciones estadounidenses con supuesto origen holandés, desencadenado por la llegada a las pantallas nacionales de *Instinto básico* (Basic Instinct, 1992).

FILMOGRAFÍA ESENCIAL

1973. *El espíritu de la colmena*. Director: Víctor Erice. Intérpretes: Ana Torrent, Fernando Fernán-Gómez, Teresa Gimpera.

1973. *Habla mudita*. Director: Manolo Gutiérrez Aragón. Intérpretes: J. L. López Vázquez, Kity Manver, Paco Algora.

1973. *Hay que matar a B*. Director: José Luis Borau. Intérpretes: Darrin Mc Gavin, Stéphane Audran, Patricia Neal.

1973. *Queridísimos verdugos*. Director: Basilio Martín Patino. Documental.

1973. *Los viajes escolares*. Director: Jaime Chávarri. Intérpretes: Bruce Robinson, Maribel Martín, Lucía Bosé.

1973. *Vida conyugal sana*. Director: Roberto Bodegas. Intérpretes: Ana Belén, José Sacristán, Teresa Gimpera.

1974. *El amor del capitán Brando*. Director: Jaime de Armiñán. Intérpretes: Ana Belén, Fernando Fernán-Gómez, Jaime Gamboa.

1974. *Tocata y fuga de Lolita*. Director: Antonio Drove. Intérpretes: Arturo Fernández, Amparo Muñoz, Pauline Challenor.

1974. *Los nuevos españoles*. Director: Roberto Bodegas. Intérpretes: José Sacristán, María Luisa San José, Antonio Ferrandis.

1974. *La prima Angélica*. Director: Carlos Saura. Intérpretes: J. L. López Vázquez, Lina Canalejas, Fernando Delgado.

1974. *Tormento*. Director: Pedro Olea. Intérpretes: Ana Belén, Paco Rabal, Javier Escrivá.

1975. *Las bodas de Blanca*. Director: Paco Regueiro. Intérpretes: Concha Velasco, Isabel Garcés, Paco Rabal.

1975. *Caudillo*. Director: Basilio Martín Patino. Documental.

1975. *Cría cuervos*. Director: Carlos Saura. Intérpretes: Geraldine Chaplin, Ana Torrent, Conchita Pérez.

1975. *Duerme, duerme, mi amor*. Director: Paco Regueiro. Intérpretes: J. L. López Vázquez, María José Alfonso, Rafaela Aparicio.

1975. *Furia española*. Director: Paco Betriu. Intérpretes: Cassen, Mónica Randall, Carlos Ibazábal.

1975. *Furtivos*. Director: José Luis Borau. Intérpretes: Ovidi Montllor, Lola Gaos, Alicia Sánchez.

1975. *Pascual Duarte*. Director: Ricardo Franco. Intérpretes: José Luis Gómez, Paca Ojea, Héctor Alterio.

1975. *Pim, pam, pum... ¡fuego!*. Director: Pedro Olea. Intérpretes: Concha Velasco, Fernando Fernán-Gómez, José María Flotats.

1975. *Yo creo que...* Director: Antonio Artero. Intérpretes: Juan Diego, Félix Rotaeta, Concha Gregori.

1976. *La ciutat cremada*. Director: Antoni Ribas. Intérpretes: Xabier Elorriaga, Ángela Molina, Jeannine Mestre.

1976. *El desencanto*. Director: Jaime Chávarri. Intérpretes: la familia Panero.

1976. *Las largas vacaciones del 36*. Director: Jaime Camino. Intérpretes: José Sacristán, Ismael Merlo, Analía Gadé.

1976. *Libertad provisional*. Director: Roberto Bodegas. Intérpretes: Concha Velasco, Patxi Andión, Montserrat Salvador.

1976. *El puente*. Director: Juan Antonio Bardem. Intérpretes: Alfredo Landa, Simón Andreu, Josele Román.

1977. *A un Dios desconocido*. Director: Jaime Chávarri. Intérpretes: Héctor Alterio, Xabier Elorriaga, María Rosa Salgado.

1977. *Asignatura pendiente*. Director: José Luis Garci. Intérpretes: José Sacristán, Fiorella Faltoyano, Silvia Tortosa.

1977. *Camada negra*. Director: Manolo Gutiérrez Aragón. Intérpretes: Jose Luis Alonso, Ángela Molina, María Luisa Ponte.

1977. *Cambio de sexo*. Director: Vicente Aranda. Intérpretes: Victoria Abril, Fernando Sancho, Lou Castel.

1977. *Los días del pasado*. Director: Mario Camus. Intérpretes: Pepa Flores, Antonio Gades, Antonio Iranzo.

1977. *Elisa vida mía*. Director: Carlos Saura. Intérpretes: Fernando Rey, Geraldine Chaplin, Norman Briski.

1977. *La escopeta nacional*. Director: Luis García Berlanga. Intérpretes: José Sazatornil, J. L. López Vázquez, Luis Escobar.

1977. *La guerra de papá*. Director: Antonio Mercero. Intérpretes: Lolo García, Teresa Gimpera, Héctor Alterio.

1977. *Informe general*. Director: Pere Portabella. Documental.

1977. *Las palabras de Max*. Director: Emilio Martínez Lázaro. Intérpretes: Ignacio Fernández de Castro, Myriam Maeztu, Gracia Querejeta.

1977. *Parranda*. Director: Gonzalo Suárez. Intérpretes: José Sacristán, José Luis Gómez, Antonio Ferrandis.

1977. *La portentosa vida del padre Vicente*. Director: Carles Mira. Intérpretes: Albert Boadella, Ovidi Montllor, Ángela Molina.

1977. *Sonámbulos*. Director: Manolo Gutierrez Aragón. Intérpretes: Ana Belén, José Luis Gómez, Norman Brisky.

1977. *Tigres de papel*. Director: Fernando Colomo. Intérpretes: Carmen Maura, Miguel Arribas, Joaquín Hinojosa.

1977. *Las truchas*. Director: José Luis García Sánchez. Intérpretes: Héctor Alterio, María Elena Flores, Roberto Font.

1977. *La vieja memoria*. Director: Jaime Camino. Documental.

1978. *Arriba Hazaña*. Director: José María Gutiérrez. Intérpretes: José Sacristán, Héctor Alterio, Fernando Fernán-Gómez.

1978. *El asesino de Pedralbes*. Director: Gonzalo Herralde. Documental.

1978. *Bilbao*. Director: Bigas Luna. Intérpretes: Angel Jové, Isabel Pisano, Mary Martin.

1978. *Con uñas y dientes*. Director: Paulino Viota. Intérpretes: Alicia Sánchez, Santiago Ramos, Alfredo Mayo.

1978. *El corazón del bosque*. Director: Manolo Gutiérrez Aragón. Intérpretes: Norman Brisky, Luis Politti, Ángela Molina.

1978. *El diputado*. Director: Eloy de la Iglesia. Intérpretes: José Sacristán, María Luisa San José, José Luis Alonso.

1978. *L'orgia*. Director: Francesc Bellmunt. Intérpretes: Juanjo Puigcorbé, Alicia Orozco, Francesc Albiol.

1978. *Los ojos vendados*. Director: Carlos Saura. Intérpretes: Geraldine Chaplin, José Luis Gómez, Xabier Elorriaga.

1978. *¿Qué hace una chica como tú en un sitio como éste?* Director: Fernando Colomo. Intérpretes: Carmen Maura, Félix Rotaeta, Héctor Alterio.

1978. *Los restos del naufragio*. Director: Ricardo Franco. Intérpretes: Fernando Fernán-Gómez, Ricardo Franco, Ángela Molina.

1978. *Siete días de enero*. Director: Juan Antonio Bardem. Intérpretes: Manuel Egea, Fernando Sánchez Polack, Madeleine Robinson.

1978. *Un hombre llamado flor de otoño*. Director: Pedro Olea. Intérpretes: José Sacristán, Paco Algora, Carmen Carbonell.

1978. *La verdad sobre el caso Savolta*. Director: Antonio Drove. Intérpretes: Charles Denner, Omero Antonutti, J. L. López Vázquez.

1979. *Arrebato*. Director: Iván Zulueta. Intérpretes: Eusebio Poncela, Cecilia Roth, Will More.

1979. *El crimen de Cuenca*. Director: Pilar Miró. Intérpretes: José Manuel Cervino, Daniel Dicenta, Amparo Soler Leal.

1979. *Mamá cumple cien años*. Director: Carlos Saura. Intérpretes: Rafaela Aparicio, Geraldine Chaplin, Norman Brisky.

1979. *El proceso de Burgos*. Director: Imanol Uribe. Documental.

1979. *La Sabina*. Director: José Luis Borau. Intérpretes: Ángela Molina, Jon Finch, Harriet Andersson.

1980. *Bodas de sangre*. Director: Carlos Saura. Intérpretes: Antonio Gades, Cristina Hoyos, Juan Antonio.

1980. *Con el culo al aire*. Director: Carles Mira. Intérpretes: Ovidi Montllor, Eva León, José Monleón.

1980. *El crack*. Director: José Luis Garci. Intérpretes: Alfredo Landa, María Casanovas, Manuel Tejada.

1980. *Dedicatoria*. Director: Jaime Chávarri. Intérpretes: José Luis Gómez, Luis Politti, Ángela Molina.

1980. *Deprisa, deprisa.* Director: Carlos Saura. Intérpretes: José Antonio Valdelomar, Berta Socuéllamos, José María Hervás.

1980. *Gary Cooper que estás en los cielos.* Director: Pilar Miró. Intérpretes: Mercedes Sampietro, Jon Finch, Carmen Maura.

1980. *Maravillas.* Director: Manolo Gutiérrez Aragón. Intérpretes: Fernando Fernán-Gómez, Cristina Marcos, Enrique San Francisco.

1980. *Mater amatísima.* Director: José Antonio Salgot. Intérpretes: Victoria Abril, Julito de la Cruz, Consol Tura.

1980. *Opera prima.* Director: Fernando Trueba. Intérpretes: Óscar Ladoire, Paula Molina, Antonio Resines.

1980. *Pepi, Luci, Bom y otras chicas del montón.* Director: Pedro Almodóvar. Intérpretes: Carmen Maura, Félix Rotaeta, Kitty Manver.

1980. *Sus años dorados.* Director: Emilio Martínez Lázaro. Intérpretes: Patricia Adriani, José Pedro Carrión, Mireia Ros.

1981. *Después de....* Director: Cecilia Bartolomé. Documental.

1981. *Dulces horas.* Director: Carlos Saura. Intérpretes: Assumpta Serna, Iñaki Aierra, Álvaro de Luna.

1981. *La fuga de Segovia.* Director: Imanol Uribe. Intérpretes: Mario Pardo, Xabier Elorriaga, Ovidi Montllor.

1981. *El hombre de moda.* Director: Fernando Méndez Leite. Intérpretes: Xabier Elorriaga, Marilina Ross, Maite Blasco.

1981. *Patrimonio nacional.* Director: Luis García Berlanga. Intérpretes: Luis Escobar, J. L. López Vázquez, Amparo Soler Leal.

1981. *Renacer.* Director: Bigas Luna. Intérpretes: Dennis Hopper, Michael Moriarty, Antonella Murgia.

1982. *Antonieta.* Director: Carlos Saura. Intérpretes: Isabelle Adjani, Hanna Schygulla, Ignacio López Tarso.

1982. *Colegas.* Director: Eloy de la Iglesia. Intérpretes: Antonio Flores, Rosario González, José Luis Manzano.

1982. *La colmena.* Director: Mario Camus. Intérpretes: José Sacristán, Ana Belén, Concha Velasco.

1982. *Cuerpo a cuerpo*. Director: Paulino Viota. Intérpretes: Ana Gracia, Pilar Marco, Guadalupe Guemes.

1982 *Demonios en el jardín*. Director: Manolo Gutiérrez Aragón. Intérpretes: Ana Belén, Ángela Molina, Imanol Arias.

1982. *La plaça del diamant*. Director: Paco Betriu. Intérpretes: Silvia Munt, Lluis Homar, Lluis Julià.

1982. *Volver a empezar*. Director: José Luis Garci. Intérpretes: Antonio Ferrandis, Encarna Paso, José Bódalo.

1983. *Akelarre*. Director: Pedro Olea. Intérpretes: Silvia Munt, J. L. López Vázquez, Mary Carrillo.

1983. *El arreglo*. Director: José Luis Zorrilla. Intérpretes: Eusebio Poncela, Isabel Mestres, Pedro Díez del Corral.

1983. *Bearn*. Director: Jaime Chávarri. Intérpretes: Imanol Arias, Fernando Rey, Ángela Molina.

1983. *Las bicicletas son para el verano*. Director: Jaime Chávarri. Intérpretes: Agustín González, Amparo Soler Leal, Victoria Abril.

1983. *Carmen*. Director: Carlos Saura. Intérpretes: Antonio Gades, Laura del Sol, Cristina Hoyos.

1983. *Entre tinieblas*. Director: Pedro Almodóvar. Intérpretes: Cristina Pascual, Julieta Serrano, Marisa Paredes.

1983. *El pico*. Director: Eloy de la Iglesia. Intérpretes: José Luis Manzano, José Manuel Cervino, Luis Iriondo.

1983. *El sur*. Director: Víctor Erice. Intérpretes: Omero Antonutti, Sonsoles Aranguren, Iciar Bollain.

1984. *Fanny Pelopaja*. Director: Vicente Aranda. Intérpretes: Fanny Cottençon, Bruno Cremer, Paco Algora.

1984. *Los motivos de Berta*. Director: José Luis Guerín. Intérpretes: Silvia Gracia, Arielle Dombasle, Iñaki Aierra.

1984. *¿Qué he hecho yo para merecer esto?* Director: Pedro Almodóvar. Intérpretes: Carmen Maura, Luis Hostalot, Gonzalo Suárez.

1984. *Río abajo*. Director: José Luis Borau. Intérpretes: Victoria Abril, David Carradine, Scott Wilson.

1984. *Los santos inocentes*. Director: Mario Camus. Intérpretes: Alfredo Landa, Paco Rabal, Juan Diego.

Tasio. Director: Montxo Armendáriz. Intérpretes: Patxi Bisquert, Amaia Lasa, Ignacio Martínez.

1985. *El caballero del dragón*. Director: Fernando Colomo. Intérpretes: Klaus Kinski, Fernando Rey, Harvey Keitel.

1985. *La corte del faraón*. Director: José Luis García Sánchez. Intérpretes: Ana Belén, Fernando Fernán-Gómez, Antonio Banderas.

1985. *Extramuros*. Director: Miguel Picazo. Intérpretes: Carmen Maura, Mercedes Sampietro, Aurora Bautista.

1985. *Luces de bohemia*. Director: Miguel Ángel Díez. Intérpretes: Francisco Rabal, Agustín González, Fernando Fernán-Gómez.

1985. *Lulú de noche*. Director: Emilio Martínez Lázaro. Intérpretes: Imanol Arias, Amparo Muñoz, Antonio Resines.

1985. *Padre nuestro*. Director: Paco Regueiro. Intérpretes: Fernando Rey, Paco Rabal, Victoria Abril.

1985. *Los paraísos perdidos*. Director: Basilio Martín Patino. Intérpretes: Charo López, Alfredo Landa, Juan Diego.

1985. *Réquiem por un campesino español*. Director: Paco Betriu. Intérpretes: Antonio Ferrandis, Antonio Banderas, Fernando Fernán-Gómez.

1985. *Sé infiel y no mires con quién*. Director: Fernando Trueba. Intérpretes: Ana Belén, Carmen Maura, Antonio Resines.

1985. *La vaquilla*. Director: Luis García Berlanga. Intérpretes: Alfredo Landa, José Sacristán, Santiago Ramos.

1986. *El amor brujo*. Director: Carlos Saura. Intérpretes: Antonio Gades, Laura del Sol, Cristina Hoyos.

1986. *El año de las luces*. Director: Fernando Trueba. Intérpretes: Jorge Sanz, Maribel Verdú, Manuel Alexandre.

1986. *Dragón Rapide*. Director: Jaime Camino. Intérpretes: Juan Diego, Vicky Peña, Francisco Casares.

1986. *Lola*. Director: Bigas Luna. Intérpretes: Ángela Molina, Patrick Bauchau, Feodor Atkine.

1986. *Mambrú se fue a la guerra*. Director: Fernando Fernán-Gómez. Intérpretes: F. Fernán-Gómez, María Asquerino, Agustín González.

1986. *Matador*. Director: Pedro Almodóvar. Intérpretes: Assumpta Serna, Antonio Banderas, Nacho Martínez.

1986. *La mitad del cielo*. Director: Manolo Gutiérrez Aragón. Intérpretes: Ángela Molina, Margarita Lozano, Antonio Valero.

1986. *El río de oro*. Director: Jaime Chávarri. Intérpretes: Ángela Molina, Bruno Ganz, Francesca Annis.

1986. *Tata mía*. Director: José Luis Borau. Intérpretes: Imperio Argentina, Alfredo Landa, Carmen Maura.

1986. *Tiempo de silencio*. Director: Vicente Aranda. Intérpretes: Imanol Arias, Victoria Abril, Charo López.

1986. *Tras el cristal*. Director: Agustí Villaronga. Intérpretes: Gunter Meisner, Marisa Paredes, David Sust.

1986. *27 horas*. Director: Montxo Armendáriz. Intérpretes: Martxelo Rubio, Maribel Verdú, Jon Donosti.

1986. *El viaje a ninguna parte*. Director: Fernando Fernán-Gómez. Intérpretes: José Sacristán, Laura del Sol, Juan Diego.

1986. *Werther*. Director: Pilar Miró. Intérpretes: Eusebio Poncela, Mercedes Sampietro, Feodor Atkine.

1987. *Angoixa*. Director: Bigas Luna. Intérpretes: Zelda Rubinstein, Michael Lerner, Talia Paul.

1987. *El bosque animado*. Director: José Luis Cuerda. Intérpretes: Alfredo Landa, Fernando Valverde, Alejandra Grepi.

1987. *Divinas palabras*. Director: José Luis García Sánchez. Intérpretes: Imanol Arias, Ana Belén, Juan Echanove.

1987. *La estanquera de Vallecas*. Director: Eloy de la Iglesia. Intérpretes: Emma Penella, Maribel Verdú, José Luis Gómez.

1987. *Espérame en el cielo*. Director: Antonio Mercero. Intérpretes: Pepe Soriano, José Sazatornil, Chus Lampreave.

1987. *La ley del deseo*. Director: Pedro Almodóvar. Intérpretes: Antonio Banderas, Eusebio Poncela, Carmen Maura.

1987. *El Lute, camina o revienta*. Director: Vicente Aranda. Intérpretes: Imanol Arias, Victoria Abril, Antonio Valero.

1987. *Madrid*. Director: Basilio Martín Patino. Intérpretes: Rudiger Vögler, Verónica Forqué, María Luisa Ponte.

1987. *El túnel*. Director: Antonio Drove. Intérpretes: Jane Seymour, Peter Weller, Manuel de Blas.

1987. *La vida alegre*. Director: Fernando Colomo. Intérpretes: Verónica Forqué, Antonio Resines, Ana Obregón.

1988. *El aire de un crimen*. Director: Antonio Isasi. Intérpretes: Paco Rabal, Germán Cobos, Maribel Verdú.

1988. *Diario de invierno*. Director: Francisco Regueiro. Intérpretes: Eusebio Poncela, Fernando Rey, Terele Pávez.

1988. *El Dorado*. Director: Carlos Saura. Intérpretes: Omero Antonutti, Lambert Wilson, Eusebio Poncela.

1988. *El juego más divertido*. Director: Emilio Martínez Lázaro. Intérpretes: Victoria Abril, Antonio Resines, Antonio Valero.

1988. *Mientras haya luz*. Director: Felipe Vega. Intérpretes: Rafael Díaz, Jorge de Juan, Teresa Madruga.

1988. *Mujeres al borde de un ataque de nervios*. Director: Pedro Almodóvar. Intérpretes: Carmen Maura, Fernando Guillén, Julieta Serrano.

1988. *Remando al viento*. Director: Gonzalo Suárez. Intérpretes: Hugh Grant, Lizzy McInnerny, Valentine Pelka.

1988. *El vent de l'illa*. Director: Gerardo Gormezano. Intérpretes: Simon Kassel, Mara Truscana, Ona Planas.

1989. *¡Átame!* Director: Pedro Almodóvar. Intérpretes: Victoria Abril, Antonio Banderas, Paco Rabal.

1989. *Las cosas del querer*. Director: Jaime Chávarri. Intérpretes: Ángela Molina, Ángel de Andrés, Manuel Bandera.

1989. *Esquilache*. Director: Josefina Molina. Intérpretes: F. Fernán-Gómez, Ángela Molina, Adolfo Marsillach.

1989. *El mar y el tiempo*. Director: Fernando Fernán-Gómez. Intérpretes: Rafaela Aparicio, José Soriano, F. Fernán-Gómez.

1989. *La noche oscura*. Director: Carlos Saura. Intérpretes: Juan Diego, Julie Delpy, Fernando Guillén.

1989. *El niño de la luna*. Director: Agustí Villaronga. Intérpretes: Maribel Martín, Lisa Gerrard, Lucía Bosé.

1989. *Pont de Varsovia*. Director: Pere Portabella. Intérpretes: Jordi Dauder, Carme Elías, Francisco Guijar.

1989. *Si te dicen que caí*. Director: Vicente Aranda. Intérpretes: Victoria Abril, Jorge Sanz, Antonio Banderas.

1989. *El sueño del mono loco*. Director: Fernando Trueba. Intérpretes: Jeff Goldblum, Miranda Richardson, Anemone.

1990. *¡Ay, Carmela!* Director: Carlos Saura. Intérpretes: Carmen Maura, Andrés Pajares, Gabino Diego.

1990. *La blanca paloma*. Director: Juan Miñón. Intérpretes: Francisco Rabal, Antonio Banderas, Emma Suárez.

1990. *Boom, Boom*. Director: Rosa Vergés. Intérpretes: Viktor Lazlo, Sergi Mateu, Fernando Guillén.

1990. *Las cartas de Alou*. Director: Montxo Armendáriz. Intérpretes: Mulie Jarju, Eulalia Ramón, Ahmed El-Maaroufi.

1990. *Las edades de Lulú*. Director: Bigas Luna. Intérpretes: Francesca Neri, Óscar Ladoire, María Barranco.

1990. *Innisfree*. Director: José Luis Guerín. Intérpretes: Padraig O'Feeney, Bartley O'Feeney, Analivia Ryan.

1990. *El mejor de los tiempos*. Director: Felipe Vega. Intérpretes: Jorge de Juan, Iciar Bollain, Rafael Díaz.

1991. *Alas de mariposa*. Director: Juanma Bajo Ulloa. Intérpretes: Silvia Munt, Fernando Valverde, Susana García.

1991. *Amantes*. Director: Vicente Aranda. Intérpretes: Victoria Abril, Maribel Verdú, Jorge Sanz.

1991. *Amo tu cama rica*. Director: Emilio Martínez Lázaro. Intérpretes: Ariadna Gil, Pere Ponce, Cassen.

1991. *Beltenebros*. Director: Pilar Miró. Intérpretes: Terence Stamp, Patsy Kensit, José Luis Gómez.

1991. *Don Juan en los infiernos*. Director: Gonzalo Suárez. Intérpretes: Fernando Guillén, Mario Pardo, Charo López.

1991. *El largo invierno*. Director: Jaime Camino. Intérpretes: Vittorio Gassman, Jacques Penot, Jean Rochefort.

1991. *El rey pasmado*. Director: Imanol Uribe. Intérpretes: María Barranco, Joaquín de Almeida, Gabino Diego.

1991. *Tacones lejanos*. Director: Pedro Almodóvar. Intérpretes: Victoria Abril, Marisa Paredes, Miguel Bosé.

1991. *Todo por la pasta*. Director: Enrique Urbizu. Intérpretes: María Barranco, Kitty Manver, Antonio Resines.

1992. *Belle époque*. Director: Fernando Trueba. Intérpretes: Jorge Sanz, Maribel Verdú, Fernando Fernán-Gómez.

1992. *El maestro de esgrima*. Director: Pedro Olea. Intérpretes: Omero Antonutti, Assumpta Serna, Joaquim de Almeida.

1992. *El sol del membrillo*. Director: Víctor Erice. Intérpretes: Antonio López, María Moreno, Enrique Gran.

1992. *Jamón, jamón*. Director: Bigas Luna. Intérpretes: Stefania Sandrelli, Javier Bardem, Penélope Cruz.

1992. *La reina anónima*. Director: Gonzalo Suárez. Intérpretes: Carmen Maura, Marisa Paredes, Juanjo Puigcorbé.

1992. *Orquesta Club Virginia*. Director: Manual Iborra. Intérpretes: Jorge Sanz, Antonio Resines, Juan Echanove.

1992. *Una estación de paso*. Director: Gracia Querejeta. Intérpretes: Bibi Andersson, Omero Antonutti, Joaquim de Almeida.

1992. *Vacas*. Director: Julio Medem. Intérpretes: Carmelo Gómez, Emma Suárez, Ana Torrent.

BIBLIOGRAFÍA BÁSICA

AA.VV., *Cine español 1975-1984*, Murcia, Universidad de Murcia, 1985.

AA.VV., *El cine y la transición política española*, Valencia, Generalitat Valenciana, 1986.

AA.VV., *Escritos sobre el cine español 1973-1987*, Valencia, Filmoteca de la Generalitat Valenciana, 1989.

AA.VV., *La industria del cinema a Catalunya*, Barcelona, Generalitat de Catalunya, Departament de Cultura, 1989.

ALBERICH, F., *4 años de cine español 1987-1990*, Madrid, Imagfic, 1991.

BALLÓ, J., ESPELT, R. y LORENTE, J., *Cinema català 1975-1986*, Barcelona, Columna, 1990.

BAYÓN, M., *La cosecha de los 80*, Murcia, Filmoteca Regional, 1990.

CAPARRÓS, J. M., *El cine español de la democracia*, Barcelona, Anthropos, 1992.

CARTELERA TURIA, Equipo, *Cine español, cine de subgéneros*, Valencia, F. Torres, 1974.

CASTRO, A., *El cine español en el banquillo*, Valencia, F. Torres, 1974.

FIDDIAN, R. W. y EVANS, P. W., *Challenges to Authority: Fiction and Film in Contemporary Spain*, Londres, Thames Books, 1988.

FONT, D., *Del azul al verde. El cine español durante el franquismo*, Barcelona, Avance, 1976.

GARCÍA FERNÁNDEZ, E. C., *Historia ilustrada del cine español*, Barcelona, Planeta, 1985.

GARCÍA FERNÁNDEZ, E.C., *Historia del cine en Galicia (1896-1984)*, La Coruña, La Voz de Galicia, 1985.

GÓMEZ BENÍTEZ DE CASTRO, R., *Evolución de la producción cinematográfica española 1975-1988*, Bilbao, Mensajero, 1988.

HERNÁNDEZ LES, J. y GATO, M., *El cine de autor en España*, Madrid, Castellote, 1978.

HOPEWELL, J., *El cine español después de Franco*, Madrid, El Arquero, 1989.

JONES, D. E. y CORBELLA, J. M. (comps.), *La industria audiovisual de ficció a Catalunya*, Barcelona, C.I.C., Generalitat de Catalunya, 1989.

JOSÉ I SOLSONA, C., *El sector cinematogràfic a Catalunya: una aproximació quantitativa*, Barcelona, I.C.C., 1983.

JOSÉ I SOLSONA, C., *Tendéncies de l'exhibició cinematogràfica a Catalunya*, Barcelona, I.C.C., 1987.

LARRAZ, E., *Le cinéma espagnol des origines à nos jours*, París, Éd. du Cerf, 1986.

LÓPEZ ECHEVARRIETA, A., *Vascos en el cine*, Bilbao, Mensajero, 1988.

LÓPEZ ECHEVARRIETA, A., *Cine vasco: de ayer a hoy*, Bilbao, Mensajero, 1984.

LLINÁS, P., *4 años de cine español 1983-1986*, Madrid, Dicrefilm, 1987.

LLINÁS, P. (comp.), *Directores de fotografía del cine español*, Madrid, Filmoteca Española, 1990.

MARTÍNEZ TORRES, A. (comp.), *Cine español (1896-1988)*, Madrid, Ministerio de Cultura, 1989.

OMS, M. y PASSEK, J. L., *30 ans de cinéma espagnol 1958-1988*, París, Centre G. Pompidou, 1988.

PÉREZ GÓMEZ, A. A. y MARTÍNEZ MONTALBÁN, J. L., *Cine español 1951/1958*, Bilbao, Mensajero, 1979.

RESEÑA, Equipo, *12 años de cultura española (1976-1987)*, Madrid, Encuentro, 1989.

ROMAGUERA, J., *Historia del cine documental de largometraje en el Estado español*, Bilbao, Festival de Cine de Bilbao, s/f.

RUBIO, R. (comp.), *La comedia en el cine español*, Madrid, Imagfic, 1986.

SCHWARTZ, R., *Spanish Film Directors 1950-1981: 21 Profiles*, Methuen (Nueva Jersey), Scarecrow Press, 1986.

UNSAIN, J. M., *Hacia un cine vasco*, San Sebastián, Euskadiko Filmategia, 1985.

El cine y los vascos, San Sebastián, Filmoteca Vasca, 1985.

VALLÉS, A., *Historia de la política de fomento del cine español*, Valencia, Filmoteca Generalitat Valenciana, 1992.

VECCHI, P. (comp.), *Maravillas. Il cinema spagnolo degli anni ottanta*, Florencia, La Casa Usher, 1991.

ZUNZUNEGUI, S., *El cine en el País Vasco*, Bilbao, Diputación Foral de Vizcaya, 1985.

ÍNDICE DE PELÍCULAS CITADAS

También publicado por Paidós

EL CINE DE TERROR
Una introducción
CARLOS LOSILLA

A la vez una exploración teórica y un breve estudio cronológico sobre el cine de terror, el presente libro sintetiza las
líneas maestras del género a partir de un punto de vista
inusual: del primer *Drácula* a *El silencio de los corderos*, de
la efervescencia de los años 30 a la turbulencia «posmo-
derna» de los 80, no sólo intenta vislumbrar el hilo estético y mítico que atraviesa los recovecos de todos estos filmes, sino que simultáneamente pretende hacerlo desde
una perspectiva más bien inédita en ciertos ámbitos,
aquella que considera el cine de terror como un código expresivo independiente, con su propio funcionamiento in-
terno y normas de conducta. El resultado es un rápido
pero certero viaje alrededor del género, tan válido para el
estudioso como para el simple aficionado, en el que aca-
ban mezclándose la mitología popular, la historia de la estética y una visión muy peculiar del psicoanálisis: un manual de consulta imprescindible —con filmografía y bi-
bliografía incluidas— para una primera zambullida en las
procelosas aguas del cine de terror.
Carlos Losilla (Barcelona, 1960), crítico cinematográfico
y literario, ha colaborado hasta el momento en diversas
publicaciones periódicas —entre las que se cuentan *Los
cuadernos del Norte*, *Quimera*, *Archivos de la Filmoteca*,
Dirigido y el diario *El Observador*—, así como en varias
obras colectivas.

EL CINE DE CIENCIA FICCIÓN
Una aproximación
JOAN BASSA y RAMON FREIXAS

Entre los diversos géneros y subgéneros cinematográficos, la ciencia ficción es uno de los menos estudiados y más desconocidos a pesar de la abundancia de películas que la frecuentan.

El presente volumen nace con la intención de ofrecer una reflexión sobre materia tan relegada en las aproximaciones académicas al uso. Paseando por sus glorias y sus miserias, por sus mitos y sus arquetipos más reconocibles, desde Georges Méliès a Paul Verhoeven, desde *La novia de Frankenstein* a *2001: una odisea del espacio*, de *Metrópolis* a *La guerra de las galaxias*, desde Frankenstein a Darth Vader, sin olvidar a Godzilla, Superman, Robby, Proteus, HAL 9000, Ripley, Rick Deckard y *aliens* de la más variopinta catadura, siempre con rigor y a menudo con ironía, los autores efectúan un repaso de la producción original e intransferible.

Teniendo en cuenta que la ciencia ficción es el espejo que ha reflejado sin tapujos las filias y fobias del siglo XX, no es desdeñable tampoco una lectura en clave antropológica de nuestra sociedad occidental.

Joan Bassa (Barcelona, 1958), profesor universitario, ha colaborado, entre otras revistas, en *Dirigido, Dezine* y *Quimera*. Ramon Freixas (Barcelona, 1957), crítico cinematográfico y literario, escribe, entre otras publicaciones, en *Dirigido, Penthouse, La Vanguardia* y *El Observador*.

También publicado por Paidós

CÓMO ANALIZAR UN FILM
FRANCESCO CASETTI Y FEDERICO DI CHIO

Este libro intenta proporcionar un método de base para el análisis de los films y, más en general, de los textos audiovisuales. Teniendo en cuenta algunas de las experiencias más avanzadas en este terreno, sugiere cómo plantear el trabajo, de qué instrumentos valerse y qué objetivos perseguir. En principio se ilustran las técnicas de descomposición y recomposición del film que por un lado conducen a su unidad constitutiva, y por el otro a los principios de su funcionamiento. Después se recorren cuatro grandes áreas de investigación: el análisis de los signos y de los códigos de un film; el análisis del universo representado, poniendo un énfasis especial en el espacio y en el tiempo; el análisis de la narración, con los personajes, las acciones y los cambios de situación; y el análisis de las estrategias comunicativas, con la manifestación en el texto tanto del autor como del espectador. La exposición está ilustrada con numerosos ejemplos extraídos de la historia del cine, y otorga una particular atención a las implicaciones didácticas del análisis.